人の温《ぬく》もりの経済学

アフターコロナのあるべき姿

大川隆法
Ryuho Okawa

まえがき

六月下旬と七月初めに二つの説法をした。テーマは時事的なものであったが、できるだけ普遍性《ふへんせい》のある問題点を指摘《してき》したいと考えた。

第1章の「人の温《ぬく》もりの経済学」では、感染症学者の「3密理論」を楯《たて》にして、「ステイ・ホーム」（正しくは、「ステイ・アット・ホーム」）や「ソーシャル・ディスタンス」（正しくは、「ソーシャル・ディスタンシング」）を緊急事態で国民に押しつけ、全体主義、中国化の予行演習をしている統治者に対する、国民の自由権を護《まも》るための言論である。

必要なのは「知恵のある自助論《じじょろん》」である。五月連休に、飛行機は乗るな、新幹線は乗るな、買い物は三日分まとめて一人で買え、児童公園で子供が遊ばないよう、遊具をビニールテープで縛り上げる。アベノマスクは、何人住んでいようと、郵便受けに2枚ずつ放り込んでいく、自粛警察《じしゅくけいさつ》とか言って、近所で営業している店を密告する。

この国が、わずか一、二カ月で北朝鮮状態になる恐怖を味わった国民は多かろう。今後のためにも、人は巣ごもりし、他人と会わず、政府の配給を待つだけになってはならないことを言っておきたい。

第2章の「香港《ホンコン》危機に何を学ぶべきか」でも、全体主義による国民の自由の喪失の危険性も強調した。共産党中国を先進国などと決して誤解してはならない。政治とは「自由の創設《そうせつ》」であって、「自由の死滅《しめつ》」ではない。

都知事選に見る日本の主要マスコミの態度にも、私は御用《ごよう》マスコミによる、政治的自由と選択の自由の死滅を感じる。一体、何を根拠に、「間接民主制」を創ったのか。マスコミの事前アンケートで当選者が決まるなら、やがて人々は投票所に行かなくなるだろう。

マスコミが民主主義の旗手《きしゅ》から、ごうまんな、独裁貴族《どくさいきぞく》になり果てたのだ。今こそ神の声を聞くべきだ。

二〇二〇年　七月五日

幸福《こうふく》の科学《かがく》グループ創始者兼総裁《そうししゃけんそうさい》　大川隆法《おおかわりゅうほう》

人の温もりの経済学　目次

6 アフターコロナに必要な「宗教のある国家経営」 82

第2章　香港《ホンコン》危機に何を学ぶべきか

二〇二〇年七月一日　説法
幸福の科学 特別説法堂にて

1　香港の自由を脅《おびや》かす「香港安全法」の成立　96

6　真の繁栄《はんえい》に必要な「自由」の思想　176

第1章

人の温《ぬく》もりの経済学

二〇二〇年六月二十二日　説法《せっぽう》

幸福の科学　特別説法堂にて

1　コロナ禍《か》の日本の現状をどう見るか

総理大臣にも都知事にも分からない「アフターコロナの経済学」

アフターコロナとか、ウィズコロナとか言われつつ、日本では、コロナウィルスの嵐《あらし》の第一波がようやく小休止した状態で、手探《てさぐ》りで経済の再起動を目指しつつも、まだこのウィルスによる災《わざわ》いは続くのかどうかについては不透明《ふとうめい》な状態で、みんな困っている状態かと思います。

こういう目に見えないウィルスなどが蔓延《まんえん》することによる、予想していなかったような経済的な大打撃《だいだげき》が来た時代に、どうやって個人も企業《きぎょう》も、そして、地方公共団体も国家も生き延びるかという、そういう経済学ははっきりしていないのです。

不況期《ふきょうき》の経済学のようなものは多少あることはありますが、こうした「アフターコロナの経済学」というのは、正直言ってありません。「昔のペストが流行《はや》ったときはどうだったのだろう」とか、「天然痘《てんねんとう》が流行ったときはどうだったのだろう」とか、思いを馳《は》せることはできるのですが、それを理論的に、学問的に説明できるところまでは、やはり行っていないと思います。

いろいろな考え方はあるでしょうけれども、とりあえず、幸福の科学に関心を持っている方や関係している方々には、「こうした時代に、経済はいったいどのようになっていくのか」あるいは、「経済学として、どういうものが今後考えられるのか、分かるものなら言ってほしい」という気持ちはあるのではないかと思います。

ただ、それは正直言って難しいことは難しいのです。総理大臣だって、財務大臣だって、日銀総裁だって、分かりはしない。都知事だって、当然分からない。外国の大統領も分からない。どうなるか分からない。何が新しい未知の変数として出てくるかが分からないので、今までの経済学の考え方がどこまで通用するか分からない状態です。

日本に関しては、とりあえず、短期的なケインズ経済学のような感じなのでしょうけれども、お金をありったけばら撒《ま》いて、沈没《ちんぼつ》していくものを引き上げようとしているというような状態かなと思います。そのような感じですが、そのあとまではちょっと考えられないというところです。沈《しず》んでいっているので、とにかく、金目のものでも重い荷物は海面に投げ出して、何とか浮力《ふりょく》を出そうとしているというだけで、その先、航海が続くかどうかについて、考えるところまでは行っていないレベルかなと思います。

先が読めず、「百年に一度」で言い逃《のが》れをする政権担当者

ある意味では、未知であり、不可知《ふかち》であったために、過剰《かじょう》な反応をしている可能性もそうとう高いのですが、過剰な反応であるということさえ、やはり、歴史になってみないと分からないということです。

ついこの前、二〇〇八年に、ニューヨーク発のリーマン・ショックというのが流行ったときに、かつての一九二九年のウォール街《がい》発の世界大恐慌《だいきょうこう》のことを「大恐慌」と呼んでいたのですが、リーマン・ショックのことも、やはり、新しく「大恐慌」と言うようになって、英語でも、どちらか分からなくなってきていま す。

あのときも、日本では、財務大臣などは、「百年に一度の」とか、そういうようなことを言っていたような気がします。「経済的な危機」とか、「金融《きんゆう》恐慌」と

か、そのようなことを言っていたと思うのですが、「百年に一度」のはずだのに、十二年ぐらいで、また、「百年に一度の経済災害」というか、「危機が来て」というような状況ではあります。

ただ、もっと前を言えば、一九九〇年代の後半には、「アジア通貨危機」もありましたし、九〇年代の初めからは、「バブル大崩壊《だいほうかい》」で、世界的にも危機は起きています。

こうしてみると、本当はたくさん起きてはいるのですが、そのつど、政権担当者等は、なるべく危機を大きく言っておくと、失敗したときの言い逃《のが》れができるので、そのように言うのかなとは思っています。

ちょうど、医者が、病気の見立てとして、ものすごく悪いと見立てておいて、それが少しでもよくなったら、腕《うで》がよかったと見えるというようなところでしょうか。そういうところがあるのです。

「軽症《けいしょう》ですから、すぐ治りますよ」と言ったら、もう、そのあと仕事にならないので、そういうところもあるのかなと思いつつも、やはり、先が見えないということは大変なのだなという気がします。

中国発・新型コロナウィルス問題は、まだ終わっていない

昨日《きのう》（二〇二〇年六月二十一日）は、この秋、十月十六日に公開予定の「夜明けを信じて。」という当会の映画の製作総指揮者試写会があり、ちょっと車に乗って都内に観《み》に行っていたのですが、帰り道に見てみたら、道行く人たちのうち、マスクをかけていない人もだいぶいました。つい何日か前に皇居周りを見たときには、マスクをかけて走っている人が多かったのです。

しかし、マスクをかけずに走っている人もいて、かけている人もいるけれども、かけていない人もいるようになってきたので、少し解放感は出てきているのかな

とは思いました。

これからどうするかについては、これは大変な状態で、もしかしたら、本当に漂流《ひょうりゅう》する可能性も出てくるかと思います。

都知事選が近い現時点では言いにくいことではありますけれども（説法《せっぽう》当時）、現都知事は、都知事選の直前ということもありましょうが、東京都が貯《た》め込《こ》んだ一兆円ぐらいの貯金を、コロナ対策と称《しょう》して、もうほとんど、二カ月ぐらいで使い切ったような状態です。

東京都民に、例えば、一兆円をばら撒いたとしたら、一人十万円近い額になるかと思うのですが、選挙が絡《から》むと、こうしたコロナ対策でも、一人十万円で一票を入れてくれと言っているように見えるでしょう。現実にそういうことができる状態ですが、「はたして、正しかったのかどうか」ということは、まだ分からないところがあります。

現時点（二〇二〇年六月）では、日本全国では、感染者《かんせんしゃ》は、累計《るいけい》でまだ二万人まで行っておらず、一万数千人であり、退院している人も一万五千人を超《こ》えていたと思います。また、東京都でも、五千数百人ぐらいは感染していましたが、退院している人もそうというます。

一万五千人から二万人ぐらいが感染したとして、もし、これが死亡者だったとしたら東日本大震災《だいしんさい》の死亡者の数なのです。しかし、死亡しているわけではなく、死亡者は千人以内で止まっている状況で、東京都では一兆円を使い、国ではバラマキに十兆円とか、さらに数十兆円とか、あるいは、大型景気対策で総予算数百兆円とか、どこまで〝真水〟かはちょっと分かりませんが、いろいろ大きな数字だけが飛び交《か》っているような状況です。

直感的に判断して、第一波で終息するなら、逐次《ちくじ》投入するよりは一気に出して埋《う》めてしまうのも一つの戦略かなとは思うのですが、どうしても私のほうの〝アンテナ〟にかかってくる情報としては、これでまだ終わってはいないという感じが強いということです。

理屈《りくつ》的には、日本のほうは小康《しょうこう》状態ではあるのですが、アメリカでは二百万人を超え三百万人近い感染者がいますし、一日に数万の単位で増えています。また、ブラジルなども百五十万人超えに行ってしまったし、世界でも一千万人を超えました（校閲《こうえつ》当時）。日ごとに違《ちが》うので何とも言えませんけれども、一日に十八万人以上、感染者が増えたりもしています。

あくまでも、これは公式数字なので、非公式にはどこまで行っているかはちょっと分かりません。

ただ、世界的にも一千万人以上感染者が出てきたら、そして、一日に十八万以上もの感染者が増える状態であれば、これは数千万から億に行くのは、もう時間の問題だと思うのです。

ですから、日本のほうが小康状態にあるからといって、例えば、日本の友好国であるアメリカやブラジル等、数百万単位の感染が広がっていって、大勢の人が死んでいる状態から見ると、そう簡単に、元には戻《もど》れないということは分かります。

国際便などについては、日本は、感染被害者《ひがいしゃ》が少ないオーストラリアとか、ニュージーランドとか、タイとか、ベトナムとかとは、ビジネス関係で来日する人を優先的に入国させようとはしています。観光は、そのあとぐらいの感じだと思うのですが、それほど簡単なことではありません。

これで、ヨーロッパやアメリカ、南米、アフリカ等の感染者は増えていって、日本だけが、そのままでとどまれるかといったら、これはもう、江戸《えど》時代の鎖国《さこく》政策以外にない状態になります。長崎《ながさき》の出島《でじま》ではないけれどもどこか一カ所にして、外国から来る人の行き来は止《と》めて、日本国内に入《い》れないようにしないかぎりは、世界の変動に連動してくるのは当然のことかと思います。

そういうことを考えると、どうでしょう。

中国発で日本へ来て、それから、グルーッと世界に広がっていきました。最初はヨーロッパのほうを中心地として広がり、さらに、アメリカに移動し、中南米のほうに広がって、アフリカにも広がりつつあります。また、「開放すれば、それが少し変種して、もとの国に戻ってきつつある」という現状から見ると、まだまだ、戦いは長いのではないかと思っています。

2　「3密」回避《かいひ》がもたらす経済と民主主義の崩壊《ほうかい》

日本のコロナへの対応は、本当に功《こう》を奏《そう》したのか？

今回、この二、三カ月の間、日本人も久しぶりに「耐《た》えがたきを耐え、忍《しの》びがたきを忍び」という感じの経験をしたとは思いますが、「ここから何を汲《く》み取るべきか。何を学び取るべきか」という問題はあると思うのです。

最初は、とにかく医療《いりょう》問題になっていましたし、次は、だんだんに「お店が潰《つぶ》れる。会社が潰れる」という話になってきている段階です。それで、「金融緩和《きんゆうかんわ》」等の融資枠《わく》の拡大、あるいは「現金給付」等の緊急《きんきゅう》事態対応での経済が動いていますが、理論的な裏付けはあまりないような感じです。

特に、感染症《かんせんしょう》学者をブレーンにして、政府も東京都も行政を行《おこな》ったわけですが、彼らが言うのは、「3密」ということでした。「三つの密がいけない」「密接とか、密室とか、とにかく人が近くに集まって何かをすることがいけない」というようなことを、「3密」と称《しょう》して禁じました。

そして、「できるだけ、それを避《さ》け、ソーシャル・ディスタンシングが大事なので、自宅で籠《こ》もってください。巣ごもりしてください」ということで、「巣ごもりの対価として、お金をばら撒《ま》いている」という状態なのかと思います。

ある意味では、政府のほうは、「日本の奇跡《きせき》」と称して、「欧米《おうべい》に比べれば、すごく被害《ひがい》が少なかったのは、対応が功《こう》を奏《そう》したのだ」と言っているわけです。

ただ、現実は、「東京オリンピックが招致《しょうち》されていたために行動はかなり後《おく》れたほうなのに、なぜか知らないが、奇跡的に被害が少ない」という状態であり、功を奏したというのは、本当にそうであるかどうかはまだ分からないところがあると思います。

「人間と人間が対面できないような状況《じょうきょう》」は、長くは続かない

「3密」を中心とする、「人と距離《きょり》を取る。大勢が集まらない。人と話をしない」というような形態がありますが、仕事の形態も、「テレワーク等、自宅でできるような仕事にする」「会社に出勤しないでいいようにする」となっています。また、学校にも行かないで、まるで通信制のような感じで、「授業を配信してもらって、やっている」ということもあります。こちらの方向にずっと進んでいくのだろうと思っている人が、今、けっこう多いだろうと思うのです。

また、こういった関係で、もう、「経済はV字回復する」という極《きわ》めて楽観的な考え方を出している相場師の方もいらっしゃいます。それは、可能性としてないわけではありません。

「このコロナ・パンデミックが起きる前までは、そうしたＩＴ系の完全解禁にはいろいろな障害があって嫌《いや》がる人が多かったので、のろのろしてなかなか進まなかった。ところが、コロナの〝おかげ〟で、もう有無《うむ》を言わさず、『全解禁で、これはやるしかない』ということで、ＩＴ関連を中心とした企業《きぎょう》等が、無茶苦茶《むちゃくちゃ》、仕事ができるようになり、経済がＶ字回復して次の世代に移行する。株なども買いどきで、今、買っておけばガンガン儲《もう》かる」

そうした景気のいいことを言っている人もいることはいます。「そのようになればいいな」とは思うのですが、私の目には、〝もう一つ別なもの〟が見えているところはあるのです。

映像等で観《み》たら分かるとおり、「人間が、人間と対面で会えないような状況《じょうきょう》」を善とする傾向《けいこう》が、今、続いています。

例えば、窓口業務的な所であれば、ビニールのシートを垂らしたり、顔にもシールドをかけたり、当然、マスクはかけたりしています。また、「自宅から、テレビ電話風にやればいい」というような感じにだんだんなってきていて、それが進化の形態のようにも思われているのですが、やはり、「これは長くは続かない」というのが私の判断です。

この時期に、例えば、「マスクをかける」「マスクを量産する」「マスクの形態を変える」「顔にプラスチックのシールドのようなものをかけて、やる」ということがイノベーションとして働いていて、社会生活ができるように進んでいるのだとは思います。しかし、やはり、非現実性は感じなければいけないと思うのです。

例えば、「プールで泳いでいる子供たちが、マスクか、プラスチック製のシールドのようなものをかけて泳いでいる」などというのは、やはり、異常であると思わなければいけないと思うのです。

あるいは、銀座《ぎんざ》のクラブが店を開けていて、「お客もクラブのママも、前にフェイスシールドをかけ、その下にマスクをかけている」、そして、「お酒を飲むときには、マスクを下げ、シールドを少し上げて飲んでいる」ということをお互《たが》いにやっているのを見たら、面白《おもしろ》いのは面白いでしょう。ちょっと見たことのない風景なので面白いのですが、続くはずがないことは、何か感じます。

ですから、「そういうものをつくって売ったら、儲かる儲かる」と言ってやっているようなところも今あると思いますが、「いや、いずれそれは終わりますよ」ということです。終わると思います。

そのようなわけで、「感染症学者の言うことで、全部を統括《とうかつ》することはできない」ということは知らなくてはいけませんし、やはり、「長い文化の伝統」や「人間の幸福感」の問題は残ってくるということだと思います。

コロナ・パンデミックが起きて、よくなった面もある

なお、よい面としては、この世におけるやや行きすぎた部分や、「羊頭狗肉《ようとうくにく》」と言ったら難しい言葉になるかもしれませんけれども、「羊の頭を掲《かか》げ、羊の肉と見せて犬の肉を売っているような感じの商売」が流行《はや》っていた部分などが、一掃《いっそう》されてくる時期ではあると思います。

ある意味での「バブルの変化形としての値打ちのないもの」があちこちで流行っていたのが、潰れてきている面もあるわけです。その面では、社会的にはイノベーションが起きる時期ではあるので、そうしたお掃除をする意味でのプラスの面はあるでしょう。

例えば、ライブ劇場のような所で、生《なま》で百人、二百人を集めてライブをしているような人や、五千人、一万人ぐらいの所で大勢の人を集めて、そんなに歌もう

まくないような人が陶酔《とうすい》して歌って、キャーキャー言われてやっているものがたくさんありました。

しかし、天上界《てんじょうかい》のジョン・レノンと話してみたら、「いやあ、ああいうものが一掃されるというのは、すっきりする」と、やはり言ってはいます。「そんな、一万人も集めて聴《き》かせるほどのレベルではないミュージシャンが、実際に集めることができてやっているというのは、ある意味での〝バブル〟だ」というわけです。

要するに、「中身というか値打ちが分かっていない人が、たくさん暇《ひま》と金を持て余して、そういうことをして夜を潰してやっている。こういうものが一掃されるのは、すっきりしてよろしい」という意見もあって、そういう面も、一部評価はできるのかなと思います。偉《えら》くもない人がハイヤーを乗り回しているのは、よくない時代でもありましょう。「そのような、中身に適合していないようなお金の使い方や振《ふ》る舞《ま》い方にメスが入って一新される」というところには、よい面もあるのかなと思います。

移動制限がもたらした経済への影響《えいきょう》

先般《せんぱん》、ニュースを観ていたら、「栃木《とちぎ》県で六十四年の歴史を持っていた名門のハイヤー会社が倒産《とうさん》」と報じていましたが、「栃木で、ハイヤーで食べていけたのか」ということが、こちらとしてはショックでした。流しのタクシーさえつかまらないところなので、「ハイヤー会社があったのか」と思って、私もびっくりしました。「『一日に千二百円しか収入がなくて、ハイヤーが成り立つわけがない』と言って、店を閉める」というように報じていました。

また、別の所では、温泉旅館等も、もうほとんど潰れかかっていましたが、ようやく移動制限が解禁になりました。ただ、回復できるかどうかは分からないところではあります。

　そのように、「経済学の原理」と、「都市と地方、県との間に移動制限をかけていたこと」、あるいは「海外との行き来を不自由にしたこと」とが、いったいどのように結びついていくのかの答えについては、難しいところがあります。

「日本は、いわゆるロックダウンのような強制的な封鎖《ふうさ》はしていない」と為政《いせい》者《しゃ》は言いますが、日本人の場合は、お上《かみ》の命令に服従する傾向があり、「他府県には行かないでください」と言われたら、やはり、本当に行かずに家でじっとしているので、実際上、同じ効果があったとは思うのです。

　先日も、六月に入ってからのテレビのニュースを観ていたら、京都の嵐山《あらしやま》の土手あたりで、京都の人たちがゴミなどを片付けていました。

「これから他府県の方がやって来るようになるので、楽しみです」などと言ってゴミ拾いをしていたので、「えっ？　来ていなかったの？　本当に来ていなかったの？」と、やや驚《おどろ》きでした。前年度の同時期は、外国人が三百万人も来ていたのに、今年来たのは千七百人ぐらいだったようで、「それで、潰れないで済むのか」という驚きはありました。

また、高校の修学旅行等も全部止まり、修学旅行専門で入《い》れていた旅館などはガラガラで、「予約ゼロ」が続いていました。こんなことは、経済学的には続くはずがない状態です。

しかし、お上がそう言っているからきいているのです。お上は給付金を撒こうとはするでしょうが、「仕事をしていない者に、ずっとお金を出し続ける」などということは、できるはずがありません。一時的な損失を補塡《ほてん》するぐらいのことはできますが、元に戻《もど》らなければ、お金を撒いても続けることはできないはずです。

観光産業であれば、客が来ないことには、いくら梃入《てこい》れをしても、融資をしても、全部、不良債権《ふりょうさいけん》になるだけのことで、赤字が大きくなるだけのことに、おそらくなるでしょう。ですから、このあたりのところに短慮《たんりょ》なところはあったのかなと思います。

また、知事によっては〝熱心な方〟もいて、「絶対、連休中には当県には来ないでください」などということを言っていて、不評を買った方もいますが、今回のコロナ不況においては、憎《にく》しみも生んだところがあるので、そのあたりについては、とても残念な感じがします。

みなが全体にワッと動くときは、冷静になって逆のことを考える

感染者がとうとう一名も出なかったという岩手県でも、岩手県知事がマスクをしたまま会見をしていました。それを観て、「これは何なのだろうか。学校も休校にして、お店はほかの県と同じような状態にして、いったい、これは何なのだ。

誰《だれ》がこれを救うのだ」と、本当に何とも言えない感じがしないではなかったのです。

もっとひどいところに比べれば、結果的に軽症で済んでいるということにはなっているのですが、まだ抜本的《ばっぽん》な対策が取れない間は、違《ちが》ったものが入ってきた場合にどこまで被害が出るようになるか、本当は分からない状態であると思います。

今回は未知のファクターがかなり多すぎるので、素直《すなお》に自然現象や災害のようには見られない部分があるでしょう。

また、各国政府等も、数字等をそうとう操作しているところもあって、印象操作がかなり大きいのです。

例えば、アメリカの感染者数が増えたら、「これはアメリカ発のウィルスだ」というようなことを中国が言い始めたりして、混乱させるようなことをたくさん言っています。

あるいは、北朝鮮《きたちょうせん》でも、公式には感染者が一人もいないことになっているのに、みなマスクをかけたり、中国とロシアからの輸送ラインをストップして、みな、飢《う》えて死にそうになったりしています。金与正《キムヨジョン》氏が、南北境界線の融和の象徴《しょうちょう》である建物を爆破《ばくは》しましたが、これは、〝戦闘《せんとう》モード〟をつくって、国民の不満をほかのところに転化しようとしているのでしょう。

そのように、虚々実々《きょきょじつじつ》で、国レベルで言っていることも、本当やら嘘《うそ》やら分からないところがあります。日本の感染者数も、本当はよく分からないところはあるのです。

そういうことで、「これからの時代をどう読むか」を考えなければならないのですが、本当に、みながＩＴ系のもので仕事をするようになり、人と会わない感じでいろいろなものが行われて、無観客の相撲《すもう》や野球をテレビで観るというようなことが行われています。彼らも、マスクをしてフェイスシールドをかけて球《たま》を打ったりするようになるのかどうかはよく分かりませんが、そういう方向に社会が本当に移行するのかどうかという問題はあるわけです。

ただ、私自身は、みなが全体にワッと動くときには、少し冷静になって逆のことを考える傾向があるので、国や地方公共団体が「ああしろ」「こうしろ」と言っても、そのまま素直にはきかなかったところもあります。

常識と思われてきたものが、ことごとく打ち破られようとしている

とにかく、今の「3密を避け、人との接触《せっしょく》を避け、自宅に籠もって、テレワーク的な仕事にしてください」というものでは、近代経済学は崩壊《ほうかい》するしかない状態だと思います。

やはり、「経済学」は、密になるほど額が大きくなり、豊かになることを示し

ているので、これは経済学の崩壊でしょう。「感染症学者が、経済学を崩壊させることができる」ということを、〝文明実験〟として見せている状態なのです。「財政学」も崩壊しました。財政学というのは、国の予算や予算管理、あるいは都道府県などの予算管理の部分のところです。財政学も崩壊させることに成功しました。

さらに、「民主主義」も崩壊させることに成功してしまいました。人が集まってはいけないことになり、会うのもよくないことになってきたわけです。

今、東京都知事選の選挙を行っていますが、密になってはいけないので「あまり集まらないでください」と言いつつも、集会をしなければならないという、非常に不思議な感じでやっています。

街宣《がいせん》等をするときにも、「あらかじめ、『どこでする』と言うと、人がたくさん来る。そうなるといけないから、言わずにやる」などと言っている人もいます。

これでは、人々が集まって意見を述べ合ったり、その人の演説を聞いて投票行動を決めたりするという、近代以降の「民主主義の原理」も崩壊でしょう。

そういう「政治原理」も崩壊しつつありますし、ゲリラ的なYouTube《ユーチューブ》的なものが飛び交《か》うかたちでやっているような状態にもなってきています。

さらに、もう一つ言えば、もしかしたら「軍事」も崩壊する可能性が出てきているわけです。

軍隊というものは、人が密接した関係で動きますので、いわゆる、軍人たちの集団行動による戦争行動というものは、非常に具合が悪いのです。それをすると、感染もしますし、傷病者が出て、彼らを病院に収容すると、そこでもまた感染することになります。軍事と似たような傾向がある災害でも、やはり病院や避難所《ひなんじょ》等では密の状態が起きますので、対応はできないということになってくるでしょう。

そのように、常識と思われてきたものが、みな、ことごとく打ち破られようとしているようには思います。

3　ＡＩには分からない人間の本質

千年たっても、ＡＩ等の判断で全部が動くようにはならない

では、テクノロジーの進化だけで、これらをすべて埋《う》められるかどうかというところです。

もちろん、ロボットなどが普及《ふきゅう》するのは当然のことであり、これからも普及するとは思います。

一般《いっぱん》の人たちにとってはやや信じがたい話でしょうが、宇宙から来ているＵＦＯに乗っている方々、文明的には現代の地球よりも千年以上進んでいるといわれる者たち等の意見を聞いてみると、彼らは「グレイ」というサイボーグを使って

います。

確かに、ロボットと言えばロボットであり、人間とロボットの間ぐらいの感じのものをよく使っているのですが、あくまでも作業用なのです。作業用のサイボーグで、いろいろな目的性に合ったものはいることはいるのですが、やはり、主体的な考え方や行動自体は、人類型、人類に相当するタイプの人たちがやっています。

そういうことで、千年たっても、ロボットやサイボーグ、あるいはコンピュータを駆使《くし》して、いろいろなものを統制するようなＡＩの判断で、全部が動くようにはなっていないということは分かります。

なぜかというと、結局、この世の生存の意味にかかわってくるからでしょう。

今、〝踏《ふ》み絵〟を迫《せま》られているのは、「命か、経済か」というようなところです。

「命か経済、どちらを取るか。経済を取れば、命はなくなるかもしれないぞ。命を取れば、経済は終わるかもしれないぞ」というような感じで、政府から企業《きぎょう》まで踏み絵を迫られているると思うのです。

国際客が外国へ自由に行ったり来たりできるようなところまで戻《もど》したら、何百万人も感染者《かんせんしゃ》がいる外国の人たちが大勢来るようになるわけなので、その人たちの国内消費、インバウンドで経済発展をさせようとしているところもあるのではないでしょうか。今までのようにまた戻ってくると思っているはずです。

先般も、菅官房長官《すがかんぼうちょうかん》が、「二〇二〇年には、海外からの国内観光客は年間六千万人を目標とする」というようなことを言っていました。しかし、六千万人どころか、今のところ、一人も来ないかもしれない状態でしょう。そこから進んでいないレベルなのです。

それどころか、外国人労働者たちが失職して、困っている状態になっています。母国のほうが感染症《しょう》で帰れるような状態ではないけれども、日本にいたらクビ切りをされて、食べていけないという困った状態にも置かれています。

理系的頭脳から見れば、「できるだけ科学的、合理的にやればよいのだ。ウィルスの影響《えいきょう》を受けないようなものを開発していって、やればよいのだ」ということになるとは思うのです。

こういうことであれば、もはや警察官などはみなロボットのほうがよいかもしれません。暴徒と戦うには、ロボット警官が発進してボコボコと殴《なぐ》るなり撃《う》つなりしたほうが、よほどいいのではないでしょうか。お互《たが》いに怪我《けが》をしたり、死んだりすることもある大変なことなので、そう思います。

ただ、やはり、「千年たっても、基本的な価値観として、『魂《たましい》が宿っている人間の値打ちを下げてはいけない』というところは一緒《いっしょ》らしい」ということは見えるのです。これは、「このラインを外してはいけないところがある」ということだと思います。

不確定な面があるからこそ、人間の営《いとな》みには面白《おもしろ》みがある

将棋《しょうぎ》や囲碁《いご》では、今、「○○戦」というものをいろいろとやっていますが、もう、ＡＩと戦って名人が負け始める時代になっていることは分かっています。

しかし、機械と機械が戦っているのを観《み》ても面白《おもしろ》くないし、人間が必ず負けるのは分かっているのに、「機械　対　人間」の戦いを観るのも面白くないし、どちらももう成り立たないのです。

なぜ「人間　対　人間」の戦いをまだ観続けるかというと、人間はヘマをするし、思いつきで、いいアイデアが出たりするし、体調や戦闘《せんとう》意欲にもよるし、年齢《ねんれい》の差もあるので、いろいろなところで見せ場が出てきて、自分の人生と重ね合わせると面白みがあるからです。人間はＡＩには勝てないかもしれませんが、人間同士の将棋や囲碁の戦いで観客がなくなるわけではないのです。

野球であっても、ロボットが野球をしていたら、観る人はだんだんいなくなるだろうと思います。「ロボットの性能、総力を計算したら、どちらが勝つかがあらかじめ分かる」ということでは、もう、観てもしかたがないレベルです。

要するに、「正確さ、精度」という面では、ロボットのほうが人間より進んでいるのでしょうが、〝不確定性の原理〟が働くからこそ、人間の営《いとな》みには面白みがあるのです。

成功と失敗がある。善と悪が分かれる。そのなかで何を選び取っていくか。成功、失敗のなかで、どう生きていくか。こういうところに、実は「魂の学習」があるので、終わらないのだと思うのです。

例えば、「このロボットの四番バッターを出せば、八割はホームランを打てることがもう分かっている」などという世界は、未来社会のようであって、こんな世界に未来はたぶんないのです。このあたりは知っていなければいけないところです。

必ずしも、百発百中というか、〝百パーセントの世界〟が人間の最高進化でもなければ、人類の最高目標でも、実はないのです。「いろいろと状況《じょうきょう》が変わってくる〝不確定性原理〟のなかで、何を人が選び取って生き抜《ぬ》いていくか」ということが、ものすごく大事なことなのではないかと思います。

「5Gの世界」で実現する自動運転や遠隔治療《えんかくちりょう》

ここへ来る前に『黒帯英語十段⑥』（宗教法人幸福の科学刊）の英語の記事を読んでいました。

今、「5Gの世界」とよく言われていますが、なかなか、私には、「4Gと5Gで、どこまで変わるか」などはよく分からないのです。しかし、その記事は、「5Gの世界になれば、車は自動運転になる。要するに、人間が運転しなくても、車が自動で運転できるようになり、車がほかの車と交信し合って調整をつけたり、信号機と車が〝話し合って〟進路を変えたりする世界になる」というようなことを述べていました。

「そのようになってはくるのだろうな」とは思いつつも、何か変な感じだけが残ることは残ります。

ドライバーライセンスはなくてもよく、人間は車に乗り、目的地だけ言っておけばいいのです。「××まで行ってくれ」と言ったら、その声を聴《き》いて、いろいろなものと連絡《れんらく》を取り合いながら、車が勝手に走ってくれるのなら、いいような感じはするでしょう。ただ、それなりに何か対応しかねるものが出てくるだろうとは思います。

その5Gの例として、もう実際に行われているものを私はテレビ等で観たことはあります。

医者などについても、腕《うで》のいい医者は都市部の〝いいところ〟にしかいないので、地方の人たちには、なかなか医療《いりょう》を受けられない面があるのです。そうした外科《げか》手術の名医が、患者《かんじゃ》とは別の場所で、空中に出ている図を見ながらメスを振《ふ》るうと、現地でそのとおりにロボットがメスを振るって手術してくれるわけです。これも「5Gの世界」らしいのですが、そういうふうになるようです。

これは確かに進歩は進歩ですし、「〝田舎《いなか》病院〟しかないようなところでも、もう少し最先端《さいせんたん》の医療を受けられる」というような面もあります。また、医者にとっても、「肉体的に移動する負担が減る」というところはあるのだろうと思います。

〝便利さだけの経済学〟では済まないものが出てくる

ただ、いくら努力しようとも、最終的には、「生《しょう》・老《ろう》・病《びょう》・死《し》」「四苦八苦《しくはっく》」の世界から人間は逃《のが》れることはできないので、便利だと思う〝便利さだけの経済学〟では、おそらく済まないものが出てくるだろうと思います。

人間には、結局、心があるので心が働くのです。心は経済にだって働くのです。「便利であればいい」というところもありますけれども、そのあたりは忘れてはいけないところです。

コロナ期になると、特にコンビニ等は、「金銭を触《さわ》るとウィルスがうつる」という感じで、自動支払《しはら》いのようなもので、お客さんが自分で勝手に払い、お釣《つ》りをもらって帰っていくというようなこともしています。

店員はいて、ウロウロと動いているのですが、店員はお金を触らないでお客さんが支払いをするというのが、あちこちで散見されました。

これは便利なことのように見えるのですが、「ウィルスが怖《こわ》い」ということだけで、そこまで機能を全部代替《だいたい》できるかどうかは分かりません。

要するに、お客さんとの会話等を通して、客のニーズとかクレームとか、いろいろなものを聞き取って、品揃《しなぞろ》えや新しい商品の開発をしたり、あるいは、固定顧客《こきゃく》をつくっていったりすることが大切なのです。

「いらっしゃいませ」とか「お帰りなさいませ」とか言っている店員は、相手の顔を覚えて言っているわけです。それから、路面店やデパートなど、ある程度、固定客を持っているところでの販売《はんばい》では、そのお客が何を買ったかを覚えているかどうか、そのお客との会話を覚えているかどうか、そのようなことが営業員の腕の差になるのです。

コンピュータ的に打ち込《こ》んでいて、それを照合するだけだったら、誰《だれ》にでもできることではあるのですが、「そのときに、こういう会話をして、こういうものを買ってもらった」などということを覚えている、お客様にとって自分の言ったことや買ったものを覚えてくれているというのは、それが実は、〝腕のよし悪《あ》し〟

にはっきりと分かれて出てくるのです。

したがって、機械的に全部をやれることが、経済的な原理には必ずしもならないところはあると思います。

人間には心があります。心のなかの最低限のレベルとして、「快・不快」という問題が出てきて、〝快・不快の原則〟があるので、不快感を感じるものの方向へは、お金を使うようにはならないのです。そういうことがあります。

これからの経済学は、「できるだけ、感情的なレベルのものや人間の思いのようなものは削《けず》り取って、合理的な結論だけを便利に出そう」という方向に動いていこうとするだろうと思います。一定の範囲《はんい》で、それは進化してもいいのです。

しかし、「まだ、それでは全部を解決できないところはあるのだ」ということは知っておいてほしいと思います。

「人が幸福感を得られるのは、どういうときか」を考える

言葉を換《か》えて言えば、次のようになります。

今日の話には、「人の温《ぬく》もりの経済学」という題を付けたのですが、宗教として、やはり言っておかなくてはならないのは、「ただ経済原理のために人がいるわけではないのだ」ということです。人が生活していく上で、経済原理が働くようになっているだけのことです。

「快・不快」というのは、いちばんレベルの低い感情でしょうが、もう少し難しく言えば、「幸福感」の問題です。「人が幸福感を得られるのは、どういうときか」ということを、やはり考えていかなくてはなりません。毎日の仕事や生活回りに幸福感が生まれてこなければならないわけです。

機械的にだけ見たら、人間というものは、石油の代わりにいろいろな動物や植

物をわざわざ調理までして口から入れ、〝糞尿《ふんにょう》製造機械〟と化して流しているだけの存在にしかすぎないのです。もっとはっきり言えば、大腸菌《きん》のような存在なのです。「何かを摂取《せっしゅ》して何かを出し、それで生きているだけの、大腸菌のような存在」になってしまうわけです。

「もし、そのように見る人間観がメジャーになったら、大変なことになる」ということを、今、ブレーキを踏んで考えなくてはいけないのです。

4　ＡＩと全体主義が支配する経済の行方《ゆくえ》

監視《かんし》社会が持ち来たらすものは「自由の死滅《しめつ》」

「ウィルス対策だったら、何でもやっていい。善なのだ」という判断もあると思うのですが、例えば、お隣《となり》の中国は、最初にこのウィルスが蔓延《まんえん》した国であるにもかかわらず、「比較《ひかく》的小規模な被害《ひがい》で済んだ。八万人ぐらいが感染《かんせん》し、数千人が亡《な》くなったぐらいで収まった」ということで、「先進国だ」というようなことを自慢《じまん》し、「中国モデルでやるべきだ」というようなことを言っているわけです。

それは確かに、ある意味では日本より進んでいるのでしょう。行政のほうから

「マスクをかけろ」という命令があったら、マスクをかけていない者には、罰金《ばっきん》か刑務所《けいむしょ》行きが待っているわけです。

また、マスクをかけているかどうかを見るためにドローンを飛ばし、マスクをかけていない人を見つけると、すぐに顔面認証システムで割り出して、「マスクをかけていない○○さんが、どこそこ公園の横を歩いている」ということが分かるようです。マスクをかけているか、かけていないかということまで、ドローンが空中を飛んで見ていて、「マスクをかけなさい警告」をしてくれるというのは、実に親切と言えば親切ですが、そこまで言うかというところもあるでしょう。

あるいは、泥棒《どろぼう》を捕《つか》まえたりするのには本当に便利なシステムなのだろうとは思いますが、警察が一般《いっぱん》市民の自由を奪《うば》ってコントロールするのに、実に便利なシステムでもあるわけです。

このように、街角には監視《かんし》カメラがたくさんあり、さらにはドローンでまで監視をしているということが、この先に持ち来たらすものは何かということです。これは、「自由の死滅《しめつ》」というものが来ると思います。

人間を機械観的に見て、消費し、やがて壊《こわ》れて死ぬだけの存在だというように考えるなら、「国家にとって有害な人間は除いて、有害でない者のみを残し、それをよく飼いならすことができれば成功」ということになります。これは、よく言って〝家畜《かちく》〟、もっと低く言えば、〝家畜以下の道具レベル〟でしょうし、さらに言えば、〝ウィルスと人間に違《ちが》いがない〟というところまで行くのかもしれません。今、日本も、そちらの方向に進もうとしているので、よく気をつけなければいけないのです。

これは、人類の人口が増えていく過程において、昔のように、専制君主が一人で国を治めるといったことはできないと思われていましたが、それができる可能性が出てきたということです。ＡＩや、ドローンや監視カメラといったさまざまなツールを通じて各人を把握《はあく》できるようになり、それから、「ウィルスの感染ルートをつかまなければいけないから」という言い訳により位置確認をし、スマホを持って移動してもらえば、一日にどのように移動したか、すべての行動記録がつかめる世界になろうとしているのです。

日本政府が狙《ねら》っているのは「貯金税」と「消費増税」

日本でも、新聞を読むと、「生活の補助金として十万円を振《ふ》り込《こ》みたいが、個人の口座と政府の認識が一致《いっち》していないと振り込めないし、手続きが面倒《めんどう》くさい」ということを理由にして、マイナンバー制ですべてをつかもうとしていることが分かります。また、今朝《けさ》の新聞には、「それは、災害のときの援助《えんじょ》や補助金を振り込んだりするために必要なのであり、個人の預金を調べて、総額で幾《いく》らの財産を持っているかといったことを把握するためには使わない」というようなことが書いてあったのですが、これが大嘘であることぐらいは、すでに分かり切っています。

十万円をくれるということは、本当に“once《ワンス》 in《イン》 a《ア》 blue《ブルー》 moon《ムーン》”、青天の霹靂《へきれき》のようなものです。たまに十万円をくれるときがあるだけで、毎年毎年、管理したいのは、幾らお金を持っているかということです。支出が幾らで、収入が幾らかがすべて分かれば、脱税《だつぜい》は一円残らず全部分かるということでしょう。

また、今、政府がいちばん狙《ねら》っているのは、「貯金税」なのです。

「十万円を給付する」とか、「事業家に対する推進、維持《いじ》のための資金として、三十万円を給付する」とか、いろいろと言っていて、お金をもらえるということで喜んでいる人が多いのでしょうし、必要な人もいることは認めます。しかし、十万円や三十万円、五十万円ともらった結果、最終的には全資産をつかまれることになるわけです。

日本では、六十歳《さい》以上の人が貯金の三分の二ぐらいを占《し》めているので、要するに、貯金を持っているということ自体に対して税金をかけることが、いちばん効率がよいわけです。お年寄りが持っている貯金は、「老後の資金」が含《ふく》まれています。何歳まで生きるか分からないため、もし長生きした場合、食べていけなくなったり、誰《だれ》も面倒を見てくれなかったりすることもあるので、このお金は生活防衛のために持っているものであって、消費には動かないものです。それで、経済がよくならないわけです。

そういうことから、お年寄り、要するに、すでに定年退職をして退職金をもらっている人たちの貯金に税金をかけて一括《いっかつ》で取るのが、いちばん効率がよく、そうとうな効果を生むはずなのです。

この「貯金税」と、さらに「消費税」の増税を狙っています。「あのとき、あれだけ金を撒《ま》いたから、政府の赤字がこれだけ進み、地方公共団体の赤字がこれだけ進んだ。だから、次は、消費税を十二パーセント、十五パーセントへと上げていくのは、しかたがないことじゃないか。将来も、災害のたびに、対策のための金をちゃんと撒くし、あのときも撒いたじゃないか」ということで、消費税を上げていくというスタイルです。狙いは、この「貯蓄税《ちょちくぜい》」と「消費税」の二本なのです。

「お上《かみ》の経済学」はあまり信じないことが大事

この全体主義化していく傾向《けいこう》に対して、ウオッチする目は気をつけて持たなければいけません。善悪について、マスコミをコントロールし、「これが善」という感じで流し始めると、だんだんにその方向につかまれていく傾向があるので、気をつけなければならないと思います。多少、言いにくい言い方ではあるのですが、封建《ほうけん》時代を長く経験した日本としては、すぐにお上《かみ》の意向に従う傾向があるので、「お上の経済学」というのはあまり信じないことが大事でしょう。

特に、コンピュータが発達してから、計量経済学的に物事を考える傾向が非常に強くなっています。心がなく、数字だけですべてを考えて、マクロの数字、大きな数字で考える傾向がとても強くなっているのですが、そこにも大きな落とし穴はあるのです。大義名分《たいぎめいぶん》や、「何のために」「誰々の幸福のために」というものが抜《ぬ》け落ちてきて、数字的に整合性をつくろうとする傾向が出てきます。

日本の個人資産は、今、おそらく一千九百兆円ぐらいまであると思います。今回、コロナ対策で、そうとうバラマキに入っているので、一千百兆円あった財政赤字がもう少し膨《ふく》らむはずですが、政府のほうとしては、「まだこのくらいは取れる」という計算は立てているはずです。

また、東京都も、一兆円の貯金を持っていた黒字団体だったのですが、オリンピックの開催《かいさい》を逃《のが》し、コロナ対策をしなければいけなくなったというだけで、一兆円が消えつつあるので、次は、「赤字公債《こうさい》」を出すかどうかの問題になります。

さらに、来年以降、オリンピックやパラリンピック等の新たな手によって経済を復興させるというような目論見《もくろみ》が成功しないとしたならば、どうでしょうか。

実は、その可能性は高いのです。今も、世界各地でまだまだ新型コロナウィルス感染の患者《かんじゃ》は増えつつあるからです。

時代が進む方向を潰《つぶ》そうとして起きている自然の反乱

さらには、月刊「ザ・リバティ」（二〇二〇年六月号、幸福の科学出版刊）でも特集していたように、バッタがとうとう中国にも現れて、青い葉を食い散らかし始めているので、食糧《しょくりょう》危機は、アフリカから中東、インド、中国まで来つつあります。

これは、ある意味では、踏《ふ》んだり蹴《け》ったりではあるのですが、今、時代が進もうとしている方向を踏み潰《つぶ》しにくる動きも、自然的には出てきているということです。

人間の顔面認証システムをつくれても、イナゴの顔面認証システムがつくれるかといえば、それは難しいでしょう。何兆匹《ひき》と飛んでいるイナゴのなかで、リーダーは誰かを割り出すことができたら大したものです。何兆匹のイナゴのなかで、その群れの方向を決め、「どこそこの畑に行って襲《おそ》うぞ！」と決めているのはいったい誰か。これを、〝イナゴの顔面認証〟をし、眼球の動きや、真っ先に方向を変えたイナゴはどれであるかといったことまで突《つ》き止めて、そのイナゴのリーダーさえ抹殺《まっさつ》して潰せば、イナゴの群れはだんだん飢《う》え死にしていく。そのように、デモを粉砕《ふんさい》するときと同じやり方が、もし、そこまで科学的に進んでいくのなら、大したものです。しかし、イナゴの顔面認証はなかなか難しいでしょうし、また、一日に次から次へと生まれてくるので大変だと思います。

こうした自然の反乱も起きてはくるでしょう。

「何をもって生産性を上げるか」という原理に立ち返る

もう一度、原点に帰って言っておきたいことは、最初にも述べたように、「近代経済、経営の原理というのは、やはり、何をもって生産性を上げるか」ということです。要するに、貴重品であったようなものを、多く、安くつくれることで、一部のお金持ちしか持てなかったものを、ほかの人も持てるようになっていくという産業革命の流れのなかにある、経済・経営革命であるのです。

銀座《ぎんざ》のブランド店や南青山《みなみあおやま》、渋谷《しぶや》など、いろいろな所で、昔なら貴族しか買えなかったと思われるような服や宝飾品《ほうしょくひん》等でも、サラリーマン家庭であってもある程度買えるようになりましたし、結婚式《けっこんしき》になれば、ダイヤの大小は多少あるとしても、それでも、ある程度のものはみな買えるようになったりしています。そのように、人々の生活レベルを少し底上げする現象が、現実には起きているわけです。

マルクスの言うように、「お金持ちから、金を取って全部ばら撒かないかぎり、平等にならない」という考えもあったけれども、これに対し、生産性の拡大によって、お金持ちに近い「準お金持ち層」を数多くつくることで、彼らもそうした上流階級にやや近い生活ができるように上げていく流れが一つあったのです。

もう一つには、「一人一票」ということが、だんだん重くなっていったということがあります。

「男性は『一人一票』の平等にする」というところから、女性も一人一票を入れられるようになり、さらには、有色人種も、奴隷《どれい》に使われていたようなところから解放され、一人一票になってきつつあるというように、政治的に平等の領域が広がってきています。

その平等を担保《たんぽ》するものは何かというと、「言論の自由」「表現の自由」「居住・移転の自由」「職業選択《せんたく》の自由」など、こうしたものです。

そして、彼らの生活の最低のところを支えるものが「生存権の問題」であり、最低生活は保障することになっています。この部分については、社会権として最低生活は保障しなければいけないということで、飢え死にするようであれば、国家か地方公共団体が必ず面倒を見てくれるレベルにはありますが、それ以外については自由を享受《きょうじゅ》できるというものです。

そのように、生産性を上げることによって生活レベルを上げ、さらには、個人の仕事という意味では、仕事が付加価値を生む、より高い値打ちを持つような仕事をつくり出していくことによって、自分の実質上の収入、あるいは生み出す値打ちというものを高くし、手に入るものの範囲《はんい》を広げていくということをやっていたわけです。

一九〇〇年代の初めは、例えば、フォード社の車は金持ちしか買えなかったのが、フォード社が、自分のところの従業員でも買えるような車にしたいということで、黒塗《くろぬ》りの同じ型ばかりでナンバーが違うだけのT型フォードという車を大量生産し始めたあたりから、庶民《しょみん》も車が持てるようになっていきました。

そういうことで、ある意味では、このマルクスの考え方どおりにならない「イノベーションによる経済学」というものが先進国にも発展途上《とじょう》国にも起きてはきたわけですが、これを、今、〝3密感染症《しょう》業者〟が壊しに入ってきている面もあるので、ここを乗り越《こ》える経済学をつくらなければ、もう全部壊れていくことがありえると、私は思っています。

5　次の時代に必要な「人の温《ぬく》もりの経済学」とは

「人の温もり」を感じるものが、値打ちを生む世界をつくる

このときに宗教の側から伝えるべきメッセージとしては、本当に、感情というか、心を持たない経済学的人間のようなものが存在すると思うのではなく、「人の温《ぬく》もりの経済学」と言っているように、「人の温もり」を感じるようなものが値打ちを生む世界をつくろうとすることが大事だと思うのです。

政治でも、「人柄《ひとがら》」とか、その人の「愛」だとか、その人の「徳」だとかが感じられるような人をリーダーとして選んでいける政治を維持《いじ》し、そちらのほうに進化していく政治学が必要ですし、経済においては、やはり、「その人の今世《こんぜ》で

の魂《たましい》修行《しゅぎょう》がより一段と進むようにするにはどうしたらよいか」というところを考えていくことです。

ただ、ここはとても難しいところではあるのです。

例えば、一般《いっぱん》的には、セブン-イレブン等のおでんは全国均一に、ある程度おいしくできているのでしょうけれども、おでん屋のおやじがつくったおでんは、やはり、その人の意気込《ご》みや伝統の味などが入っているわけなので、その違《ちが》いが分からなくなったらいけないということです。

回転寿司《ずし》などでも、ロボットで寿司を握《にぎ》るような〝ロボット寿司〟になっているところも、現実にあります。私は何十年も食べていないのでよく分からないのですが、映像等によれば、一皿百円から始まるような安い回転寿司では、ロボットが握るということをまだやっているはずですので、食べられる人もいるのではないでしょうか。

ただ、ロボットが握る回転寿司と、職人が握る寿司では、「そんなものは一緒《いっしょ》じゃないか」という考えもあるでしょうけれども、その違いが残せるか、腕《うで》を磨《みが》けばもっとよいものができるという余地のある経済学が、そこにあるかどうかということです。

機械化による大量生産によって、よいものができるようになっていく努力もしていますが、これに見合うかたちで、「人が付加価値を付ける」「心を込めてつくったものが値打ちを持つ」という考え方の経済学が成り立つかどうか。このあたりを求めなければいけないと思います。

「人の温もりの経済学」は、言葉を換《か》えて言うとするならば、「人間の顔をした経済学」ということです。「その経済学は人間の顔をしていますか」というところなのです。そのあたりを忘れないことが大事だと思います。

信仰《しんこう》のない人間は、信仰を護《まも》る「巫女《みこ》ウサギ」に負けることもある

人間には魂が宿っています。

西洋人には、「人間のみに魂が宿っていて、動植物には宿っていない」と考えている人が非常に多いようですが、東洋ではそうではない考え方もあります。

先般、長らくわが家で飼っていたウサギの一羽（俗名《ぞくみょう》「メロン」という名の雌《めす》のウサギ）について、次のようなことがありました。家族の一人が何十キロか離《はな》れた所に住むことになり、かわいがっていたそのウサギを一羽連れていったのです。ところが、二、三カ月で帰天《きてん》してしまい、そちらの他県の葬儀場《そうぎじょう》で火葬したようなのですけれども、二日後ぐらいに霊体《れいたい》になって帰ってきたのです。ウサギがどうやって道を知るのか、どういう感じで〝ウサギ跳《と》び〟をしているのか、羽が生《は》えて空中を飛んでいるのか、地面を走っているのかは、私もよくは分かりま

せん。しかし、何十キロかぐらいは距離《きょり》があると思われる所で亡《な》くなり、焼き場で焼いたと思うウサギが、ほんの三、四日前に帰ってきたのです。

最初は言葉がうまく話せなかったので、何が来たのか分からず、「いったい何なんだろう」と思っていろいろカマをかけていたのですが、「どうも、これはウサギかなあ」と思ったら、やはり、連れていって別飼いしていた一羽のウサギでした。その後もかわいがっていたようですけれども、そのウサギが帰ってきて言うには、「私の飼い主はエル・カンターレだ。自分は〝三宝帰依《さんぽうきえ》ウサギ〟なんだ。別のところで死んで焼かれたからといって、それで終わりではなく、やはり、主《しゅ》の元に帰りたくて帰ってきた」というのです。

それで、道路の上を走ったのか宙を飛んだのか、どうやって道を知ったのかは知らないけれども、帰ってきたわけです。帰ってきて、一晩だけいました。

しばらくすると、だんだん翻訳《ほんやく》できるようになり、基本的な意思も、三百語以内で会話ができるぐらいのレベルに落とせば、ある程度話せるようになりましたが、やはり、「善悪」と「信仰《しんこう》」について、基本的なことをきちんと語っていました。

「私は『巫女《みこ》ウサギ』、あるいは『ウサギ巫女』なんだ。単に飼われていたペットではないのだ。この聖域を護《まも》るためにご奉仕《ほうし》したウサギなんだ。だから、帰ってきた」というようなことを言っていて、私もやや驚《おどろ》きを禁じえなかったのです。

おそらく、ウサギ界では偉《えら》い〝ウサギ神《がみ》〟になるのでしょう。一日いて、その後はいなくなりましたので、帰天したと思います。

ウサギでさえ、死んだあと、何十キロの距離を二日かかって帰ってきて、「みなさんにも会いたい」と言ったので、お世話してくれた人を全員集めて少し話をしました。

ウサギでも、藁《わら》を食べて水を飲んで生きて死んだだけではなく、また、ペットとしての安らぎを与《あた》えていただけでもなく、信仰を護っていた「巫女ウサギ」ということだったので、これには私も少々驚きましたが、そういうことであれば、「人間でも負ける人が出てくる」でしょう。信仰に反する、信仰を害する、あるいは信仰をバカにする人はたくさんいるので、ウサギでこういう心を持っていることに多少驚いたわけです。

ウサギでさえ、飼われて餌《えさ》を食べて死んだだけではないのです。ましてや、人間が一生を生きるということは、そのなかでいろいろなことは起きるけれども、その経験のなかに大事なものがあるということです。

動物でさえ、仕事をしている気持ちがある

上野《うえの》のパンダも、コロナウィルスのおかげで休園されて何カ月か仕事がなく、ときどきネットで動画配信されたので姿を少しは見せることができたものの、一

日二十キロ、三十キロの竹を食べているだけだったので、「餌代が高いのに働いていない」という罪悪感に駆《か》られていたことでしょう。

パンダは、なぜ客が来なくなったのかまでは、なかなか理解できないでしょうが、やはり仕事をしている意識は、おそらくあったと思うのです。

「自分のかわいさをアピールして、大勢の人たちの心の安らぎになる」という気持ちをたぶん持っていて、グルメで餌代はかかりますが、きちんと稼《かせ》いでいるつもりはあったと思うのです。

このコロナウィルス期間中、カナダは、パンダを中国に送り返してしまいました。要するに、餌になる竹が手に入らないということで返してしまいましたが、「動物でさえ、仕事をしている気持ちがある」というのは、私も驚きです。

それに対して、人間としてこの世に生まれたにもかかわらず、魂の存在も知らず、心の存在も知らず、「自分のやっている学問や仕事、あるいは交友関係等は、この世に新しいユートピアを付け加えるための活動の一つなのだ」ということを自覚できないのは、非常に悲しいことです。

6　アフターコロナに必要な「宗教のある国家経営」

マスクなしで人と話ができる社会を取り戻《もど》そう

今、コロナウィルスが恐《おそ》ろしいので、それを避《さ》けるべく、いろいろなことを言っているのでしょうが、コロナを避けてやれるようなことばかりを考えるのではなく、次のように考えてほしいのです。

「ウィズコロナ」か、「アフターコロナ」かは分かりませんが、コロナウィルスがいたとしても、生物体として見たら、人間はもう巨大《きょだい》生物です。彼らから見たら、ものすごいモンスター級の巨大生物であり、「クジラ 対 ミジンコ」のような戦いなのです。クジラがガバーッと口を開けて海水ごと飲み込《こ》み、大量のミジンコ等を濾《こ》して食べているようなレベルなので、本当は、人間はコロナウィルスに簡単に倒《たお》されるような存在ではないのです。これは、勝とうと思えば勝てる戦いであるのです。

また、この世的にも、二、三年以内にはワクチン的なものができるでしょうから、パンデミックはいつか終わりが来ることは確実です。

したがって、どうか、「本来の自己はもっと偉大《いだい》なものである」と思ってください。「あんな小さな、生命があるかないかも分からないような、原初的なものに滅《ほろ》ぼされるような自分ではないのだ」ということをしっかりと自覚し、「神の子の自己実現として、ユートピアをこの世に付け加えることこそ、自分の使命である」と強く思ってください。そう思っていれば、そんな簡単に彼らに殺されるようなことはないでしょう。

「本来の自己についての悟《さと》り」を持って、そして勇気を持って、この世の未来をよいものにするように努力したほうがよいと思います。

これから、「勇気」を持ってマスクを取り、「勇気」を持ってフェイスシールドを取り、「勇気」を持って人の隣《となり》に座《すわ》り、人と話ができる社会をもう一回取り戻《もど》さないといけません。

人の温《ぬく》もりがなくなった経済学は、機械だけの世界でしかありません。それは、「人間がこの世に生きることとの意味を見失った経済学」にほかならないのです。

その意味では、人間性がもっと高まるようなものをやらなければいけません。ある温泉旅館は、「部屋にいてスマホを見れば、大温泉に今何人入っているかが分かるので、空《す》いているときに入《はい》れます。そういうサービスを開始しました」と言っていましたが、いいかげんにしないと駄目《だめ》なのです。

そういう、「人間の顔をしていない経済学」のようなものをやり、それで人を呼ぼうというのは間違《まちが》いです。これには限界があります。

「働いて流した汗《あせ》がお金になる」という経済でなければいけない

それから、自分の一日の行動が全部記録されなければいけないような時代は、あまりよい時代ではありません。

実際のところ、キャッシュについて、日本では、資金総量中、現金の存在は、おそらく二十パーセントから三十パーセントぐらいの間しかないと思うのですが、外国のなかには、ほとんど電子決済になってきているところもあると思いますので、もう一回、マネーの意味を再定義しなければいけない時期が来つつあると思います。

今、フェイクの時代に入ってきつつありますが、やはり、「働いて流した汗《あせ》がお金となり、ある種の幸福感を個人にもたらす」という経済でなければいけないのです。「数字さえつくればいくらでも増えていくようなマネー経済学は、おかしいのだ」ということは、知るべきです。

リーマン・ショックで、それを勉強したはずです。

「家を建てるお金がない人、借金がある人、赤字の人でも、家が持てるということをやるために、家を建てさせて、その負債《ふさい》の部分をいろいろなものと組み合わせる。ノーベル賞級の数学者が考えて、その負債を分からないように金融《きんゆう》工学で組み立てて、全世界に散らばらせる。そして、赤字でも家が建てられ、持てるようになる」

そういうことをやったら、非常に賢《かしこ》いように見えましたが、結局は「世界恐《きょう》慌《こう》」を起こしています。

豊かさを生み出す「善の循環《じゅんかん》」を止めてはならない

その前には、一九九〇年代に、日本の宮澤《みやざわ》内閣のときに、「東京等の家は高すぎる。千五百万円でみんなが家を持て、庭のある一戸建《こ》てに住めるようにする資産倍増計画をやる」と、宮澤さんが言いました。しかし、それが意味するところは、資産倍増ではなく、要するに、今持っている資産を値下げするということでした。億の値がする土地代をガタッと引き下げるということであったわけなのです。

これについては、マスコミは誰《だれ》も解説できませんでした。もしかしたら、財務省のなかには、理解していた人がいる可能性はあるのですけれども。

東京で、一千五百万円で庭付きの家が建てられるということとは、どういうことでしょうか。当時、私の田舎《いなか》には、「昔、誰かが土手の横に二千万円で巨大な豪邸《ごうてい》を建てた」という話がありましたが、そのころでも、一千万円から二千万円は行っていました。ですから、「一千五百万円で、東京で庭付きの家が建つ」ということは、「田舎の昔の、私の子供時代に戻す」ということしかありえないのです。

そして、お金を刷って渡《わた》すだけなら、それは、「お金はインフレで紙切れになる」ということを意味しますし、お金を刷らないでそうなるなら、それは、「みんなが貧乏《びんぼう》になる」ということしかありえないので、「不況《ふきょう》は絶対に来る」はずなのです。これが読めなかったのは残念です。

人が働いたことによる喜び、あるいは、流した汗が、お金となって還元《かんげん》されて豊かさになり、その豊かさが「新しい表現形態」を求めて、家や土地になったり、社会的地位になったり、高級品を消費するようになったりしていくかたちがあります。

こうしたことは、当然の「善の循環《じゅんかん》」に当たるわけなので、これを止めるようなことをしてはならないと思います。

これからの時代に大事なキーワードは「人の温《ぬく》もり」

これからのキーワードとして、「人の温《ぬく》もりのあるもの」、「人の温もりの経済学」「人の温もりがある新しい企画《きかく》」のようなものが大事になるでしょう。「新しい経営方針、新しい経済方針のなかに、人の温もりは感じられますか。それは、『人の顔をした経済学』ですか。それとも、『AIが支配する経済学』ですか。そのAIは、人を虫けらのごとく扱《あつか》って、最後は『中国 対 香港《ホンコン》』のようなことになるかもしれませんが、そのあたりについて分かっていますか」ということです。

そうした全体主義のほうが効率的に見えるために、為政者《いせいしゃ》にはあっという間にそちらのほうへ持っていかれるので、ここは踏《ふ》みとどまらなければいけないところでしょう。

効率の悪さのなかに、人間としての魂《たましい》の活動の喜びもあるということを、また忘れてはならないと思います。

本章では「人の温もりの経済学」ということで、現時点において何か新しい経済学が必要だと思い、述べてみました。

今回は「序論」にすぎませんが、方向性として、やはり、「人間がこの世で魂修行《しゅぎょう》をしているのだ」ということは忘れてはなりません。

「この世にあなたが生まれた意味を刻《きざ》めるような経済学」を構築せよ

死を恐れるのは、動物も植物もみな同じなのですけれども、しかし、そこから逃《のが》れることはできません。生まれるときに苦しみ、老いて苦しみ、病《やまい》に苦しみ、死ぬときにも本当に苦しみを味わうと思います。そうした生《しょう》・老《ろう》・病《びょう》・死《し》と、愛《あい》別離苦《べつりく》、怨憎会苦《おんぞうえく》等の四苦八苦《しくはっく》の世界からは、仏陀《ぶっだ》が説いているとおり、逃れることはできません。

ただ、そのなかに、「この世にあなたが生まれた意味を刻《きざ》めるような経済学」を構築しないといけないのではないでしょうか。

計量経済学的に数字だけをいじったり数字だけをつくったりして、あたかも発展したかのように見せるような国もあることはあるのです。しかし、そのようになっていったら、最後はリーマン・ショックのときと同じになります。

発展していないのに、発展しているような数字をつくることはできます。もし、数字をつくらなかったら死刑《しけい》にされるというのであれば、どこの地方もそうするでしょう。日本で言えば、「政府が各県に『〇パーセント成長にせよ』と言った。これを守らなかったらクビが飛ぶ」というならば、やはり数字をつくるでしょう。そして、合計すると、国がそれだけ発展したということにはなっていても、現実にはそれが嘘《うそ》だったら、結局、「損失飛ばし」をやっているのと同じことになります。

中国もマイナス成長がそうとうあると思われますが、比較的《ひかく》早い時期にこれをプラス成長のように見せるでしょう。しかし、それが嘘であるなら、いずれ「大崩壊《だいほうかい》」を引き起こし、一帯一路《いったいいちろ》、シルクロード戦略は、やがて〝世界の厄災《やくさい》〟になるだろうと思っています。

今日の話はいわゆる「序論」ですが、機械の進化によって、「全体主義」を支えるような体制が効率がよく、未来が開けるように思う幻想《げんそう》が振《ふ》りまかれ始めたら、注意して立ち止まりなさいということを言っておきたいですし、「人の温もりの経済学」を目指していくべきだということを言っておきたいと思います。

それは、ある意味で、「宗教のある国家経営」ということでもあります。

人に心がなくなったら、心が失われたら、そのような、ペーパーマネーだけでなく、コンピュータのなかにだけある数字のマネーなど、もはや意味がないのだということです。それを知っておいたほうがよいでしょう。

今日は、序論としての「人の温もりの経済学」について話をしました。私の考察が深まりましたら、もう少し本格的な話もしてみたいと思っています。

第2章

香港《ホンコン》危機に何を学ぶべきか

二〇二〇年七月一日　説法《せっぽう》
幸福の科学　特別説法堂にて

1 香港《ホンコン》の自由を脅《おびや》かす「香港安全法」の成立

恐《おそ》れていたことが現実になった「香港安全法」の成立・施行《しこう》

今日は二〇二〇年七月一日です。今朝《けさ》はどこの新聞にも載《の》っていますが、昨日《さくじつ》、六月三十日に中国の北京《ペキン》のほうで、「香港《ホンコン》安全法」が成立しました。

これは、恐《おそ》れていたことの一つではあります。

香港は、一九九七年にイギリスから返還《へんかん》されたときに「一国二制度」が適用され、五十年間はそれまでの制度を維持《いじ》するということを中国のほうも約束していたのですが、五十年も待ち切れなかったと言うべきでしょうか。あるいは、「雨《あま》傘《がさ》革命」以降、いろいろなデモや反乱があり、「それらについて、反政府的なものと世界から見られるのが嫌《いや》だ」ということもあったのかもしれません。

この香港安全法は、北京のほうでは全会一致《いっち》で成立していますが、要するに、香港に北京の法律がそのまま適用できるようになったということです。昔の「治安維持法」のようなものです。

香港安全法では、「国家分裂《ぶんれつ》」や「政権転覆《てんぷく》」、「テロ行為《こうい》」、「外国勢力と結託《けったく》して国家安全に危害を加える」といった四類型の犯罪を規定しており、香港メディアによると、最高刑《さいこうけい》は終身刑となるとされています。

日本の新聞では、右翼《うよく》から左翼までが批判的な記事を掲載《けいさい》

日本においては、右寄りの産経新聞から、読売、日経、毎日、朝日、東京新聞と、だんだん左に寄っていきますが、この法律に対しては、右から左まで全部に批判的な記事が書いてあります。今、ここに持ってきているのは東京新聞ですけ

れども、産経新聞もかなり厳しく書いていて、同じようなことが書いてあります。

香港については、私も過去一、二年、いろいろと言ってきたので、こういう機会に少し復習も兼《か》ねて、また、「今後のことについても、どう読むべきか」という話をしたほうがよいのではないかと思っています。

日本の新聞は、左翼《さよく》から右翼まで、いちおう反対はしています。東京新聞には、「習《しゅう》主席の来日に重大な影響《えいきょう》」などと書いてありますが、これは河野太郎《こうのたろう》防衛大臣が記者会見で言ったことのようです。防衛大臣がこんなことを言うのは、面白《おもしろ》いと言えば面白いのですけれども、来日を決めるのは防衛大臣なのでしょうか。ちょっと違《ちが》うような気もするのですが、まあ、牽制《けんせい》しているということです。

習近平《しゅうきんぺい》主席の国賓《こくひん》来日については、これ以前に、コロナウィルスで「重大な影響」がすでに出ているので、来てもらうと日本でデモが起きてもおかしくないのですが、そういうときにはデモなどせず、〝ウェルカム〟するのが日本ではあります。

トランプ大統領は、香港問題よりも対中貿易を優先する？

東京新聞によると、「香港　瀕死《ひんし》の民主派活動」「中国の強権的介入《かいにゅう》必至」「国家安全法が成立」ということですが、このなかで、「トランプ大統領は、香港よりも対中貿易合意のほうを優先するのではないか」といった憶測《おくそく》も出ています。「大統領選での再選を考えると、やはり、貿易で利益を出すほうがよいのではないかと思っているように見える。本音はそちらではないか」などと言われています。

アメリカでは、大統領補佐官《ほさかん》でタカ派といわれていたボルトン氏を、トランプ大統領が一年半でクビにしたので、暴露本《ばくろぼん》を書かれ、今、その火消しに躍起《やっき》になっていますが、タカ派のボルトン氏のような人がいれば、こういうことに対しては、もっと強硬《きょうこう》な意見を言っているはずです。

北朝鮮《きたちょうせん》に対しても強硬な意見を言っていて、「会って握手《あくしゅ》をしただけでは何も解決はしない」というようなことを言っていたので、おそらく、香港の問題についても、同じように、もう少し強硬な意見を言ったと思います。

トランプ大統領は強硬そうにも見えるのですが、ときどき妥協《だきょう》する姿勢が見えるので、このあたりが、まだなめられるところだという意見もあるのだろうと思います。

十年以上前から、中国政府を厳しく批判してきた幸福の科学

では、ここから何を学ぶべきかということですが、これは「予告されていたこと」というか、ありうべきこととして「想定されていたこと」ではあるのです。

この中国・北京政府に対しては、私たちは十年以上、ずっと批判してきてい

るのですが、「言っていたことは当たっていた」ということは言えると思います。日本の国は少し違うように動いてはいたのですが、私たちがいちばんきつく批判していたほうだと思いますし、だいたい、言っていたとおりになっているのではないかと思うのです。

最近、三男の大川裕《ゆう》太《た》に聞き手をしてもらった『時事政談』という本を出しましたが、そのなかで、「自民党内部でも、反北京というのは三分の一ぐらいで、親中派が三分の二になっているのだ」という話が書いてあります。経済的なものから見れば、それは大きいですから、「取引は最大額になるので、切っても切れない」ということで、すり寄っていっているとのことでした。ですから、自民党だからタカ派というわけではなく、「安《あ》倍《べ》総理もすでに親中派になっている」というようなことが書かれていたと思います。

『時事政談』（幸福の科学出版刊）

この香港安全法に関しては、菅官房長官《すがかんぼうちょうかん》は、例によって「遺憾《いかん》である」ということを言ったようです。ただ、そんなものは通用しないでしょう。中国の人は、「遺憾」と言われて、どう感じるのでしょうか。もう少し激しい言葉で応酬《おうしゅう》しないと通じない国柄《くにがら》なので、まあ、通じないとは思いますが、「遺憾です」でも、言ったほうが言わないよりはましかもしれません。

2　ナチズムと習近平《しゅうきんぺい》・中国政府の類似点《るいじてん》

「もっと完成したナチズム」が中国に現れている

今回のことから学ぶべきことは、幾《いく》つかあると思うのです。

結局、今の習近平《しゅうきんぺい》独裁体制での中国政府というのは、幸福の科学が言ってきたとおりであって、「ほかのマスコミや政党等の読みは全部外れていた」ということです。「最悪のパターンで読んでいて正しかった」ということは、今回のことを見れば分かると思います。これから先のことについても、おそらく、「最悪のパターンで読んでいるものが当たる」と思われます。

彼らの神経は完全におかしくなっています。特に、今年のコロナウィルスで大変だった時期にも、尖閣《せんかく》諸島付近への領海侵犯《しんぱん》は毎日のようにやっていましたので、この神経の切れ方は尋常《じんじょう》ではありません。それは知ったほうがよいと思うのです。

そして、今、これを言っても、向こうにはなかなか通じないとは思うのですが、大事なこととしては、「習近平・北京《ペキン》政府は、ナチズムについて何も勉強していない」ということです。

ほかの西欧《せいおう》諸国や日本は、ナチズムについては勉強しているのです。今も、まだ、ドイツにおいては、ナチスあるいはヒットラーの独裁政権を擁護《ようご》するような発言や、それにシンパシーを持つような発言をすると、けっこう犯罪者的に見られますし、欧米では、ヒットラーをからかいの種にした映画等も、いまだにつくられているような状況《じょうきょう》です。

この「ナチズムの何が悪かったか」ということについては、おそらく、習近平氏は学んでいないと思います。

今の中国の体制を、もし、ヒットラー時代に持ってきたとしたら、どうなるでしょうか。ヒットラーの時代にＡＩがあり、ドイツ国内に監視《かんし》カメラが二億台もあって、さらに顔面認証システムまであったとしたら、ユダヤ人はもっと大変なことになっていたでしょう。

当時は、教会等に匿《かくま》われて逃《に》げた者もいますし、フランスからイギリス、あるいはアメリカへと逃《のが》れていったユダヤ人もたくさんいますけれども、今の中国のような体制だったら、逃げられずに、完全に「ネズミ捕《と》り方式」で捕らえられた可能性は高いと思います。

要するに、「もっと完成したナチズム」がここに現れているということに、まだ気づいていないのです。やっている本人が気づいていないし、国民に対しては、非常に幸福な制度をつくっているように見せているところ、このあたりが怖《こわ》いところです。

今回、この香港《ホンコン》安全法をつくりましたが、習近平氏から見れば、香港というのは、おそらく、昔の木の家の台所に、どこかの穴や下水道から忍《しの》び込《こ》んできては、食べ物をチョロチョロとかじるネズミぐらいに見えているはずです。あるいは、西洋かぶれをして、間違《まちが》った思想を中国国内にたくさん運び込んでくる、ペスト菌《きん》のような存在に見えているのではないかと思います。

ウイグルやチベットは、内陸部であるために取材がなかなかできず、報道が自由にできません。香港も取材ができなくなる恐《おそ》れはあるものの、そうは言っても、CNN等の大きな拠点《きょてん》がありますし、港でもありますので、「香港がどう変わっていくか」ということは、世界からよく見えるところだろうと思うのです。

ここがどう変化するかを見ていれば、中国の体質というものが隠《かく》せなくなるでしょう。

今後の中国は、国際社会からいっそうの孤立《こりつ》が予想される

今回、中国は一《いち》か八《ばち》かの賭《か》けで、強硬《きょうこう》手段によって押《お》さえ込むほうに出たわけですが、私の考えとしては、「中国のいっそうの世界的孤立《こりつ》化」を招くことになるだろうと思います。

特に今、コロナウィルスが流行《はや》って世界中に蔓延《まんえん》し、多大な被害《ひがい》が出ていることについて、日本は何もしていませんが、日本以外の欧州諸国、アメリカやブラジル、その他の政府は、中国政府に対し、「コロナウィルスを蔓延させた結果、多大な損害を与《あた》えた」ということで、そうとう大きな損害賠償請求《ばいしょうせいきゅう》を起こしています。

その総額は、もはや私でも理解できない範囲《はんい》で、「兆」の上に「京《けい》」という単位があると思うのですが、何京円という額らしいので、あまりにも大きくて想像

がつかないほどです。兆で数えられない単位までの額の損害賠償を請求しているわけですが、実際に、そのくらいの被害は出ているかもしれません。

そういう意味で、中国は、今、世界中から訴《うった》えられている状況にあります。それに対して、中国国内の自由派、民主派を強硬に弾圧《だんあつ》することによって見せしめを出して、ほかのところにも威嚇《いかく》しようとしている感じではないかと思うのです。動物で言えば、トラやライオンの類《たぐい》が威嚇して脅《おど》しているような状態に、私には見えます。

そのように、認識のズレといいますか、「香港の繁栄《はんえい》がなぜあったのか」ということに対する認識がなく、「共産党一党独裁の下《もと》でもマカオのような繁栄があるのだから、それでいいではないか」という感じで言っているわけです。

今の中国国民の自由は「檻《おり》のなかの自由」

中国本土は、もちろん共産党一党独裁ではありますが、鄧小平《とうしょうへい》の改革以来、「経済のほうは多少自由化して、政治のほうはマルクス主義のまま」という、変則的な修正社会主義のようになっています。

つまり、政治と経済を分けたわけで、「金儲《かねもう》けのところは自由だ」という感じにして、旧ソ連のようにはならないように、うまくやったことはやったので、「それだったら香港だっていけるはずだ」という考えでしょう。

ただ、根本的に言って、「政治的自由と経済的自由を完全に分けられるか」という問題には、やはり難しいものがあると思うのです。「政治的には不自由だけれども、経済的には自由にやれる」というのは、そのように洗脳するというか、情報操作をしなければいけないということです。

反対する世論《せろん》を全部封《ふう》じれば、礼賛《らいさん》しかありません。北朝鮮《きたちょうせん》でもそうでしょう。「国民は自由だ」と言われたら、そうなのかもしれませんが、それは「檻《おり》のなかの自由」ということになります。

日本にも、中国から数多くの買い物客、観光客等が来ていましたが、「日本に来て何も学ばなかったのかな」という感じはします。日本人のほうも、「お金だけ落としてくれればいい」ということで、中国語で応対する店員等も増えていて、向こうとしては、〝植民地化の地ならし〟ぐらいのつもりでいた可能性はあるでしょう。本当に自由な観光客ではないことは、よく分かっているのです。

南のほうのパラオ諸島の小さな島国などでは、中国人の観光客が押し寄せたので、「これは大変だ」ということで、投資をして、観光客を受け入れるための設備をたくさんつくって待っていたところ、観光客が急にサーッと退《ひ》いて来なくなりました。

そうすると、「インフラをつくったのに来てくれない」ということで国が赤字になるので、「頼《たの》み込むような感じで、客にまた来てもらう」というようなことになります。こうした、「観光客を出したり引いたりしながら、だんだんにならしていく」という作法《さほう》を、中国は行《おこな》っているのです。

日本に対しても、それを使っているわけです。そこまでするような国が今どきあるということ自体が、理解しがたいことではあるのですが、観光客といえども、自由に行き来しているわけではないと思われます。

そのあたりが、たいへん残念なところです。

3　中国共産党成立の歴史

中華《ちゅうか》人民共和国が「戦勝国」を名乗るようになった経緯《けいい》

ではなぜ、習近平《しゅうきんぺい》・北京《ペキン》政府はナチズムを勉強していないのかということですが、一つには、先の第二次大戦の「終戦の仕方」の問題もあったと思います。

現在の北京政府は、「自分たちが第二次大戦の戦勝国だ」と言っているわけですが、現実には、日本は一九四五年に、主としてアメリカに敗れています。

日本の同盟国だったドイツやイタリアのほうが先に降参していますけれども、日本は、アジアにおいては、イギリスやフランスの軍隊も蹴散《けち》らして破っていて、その後、アメリカに敗れ、一九四五年の夏に無条件降伏《こうふく》をしたということになっています。そのとき、中国に負けたわけではありません。

また、そのときの中国の政権は、蔣介石《しょうかいせき》が率いる国民党政権で、中華《ちゅうか》民国という国でした。この蔣介石の中華民国が中国大陸をだいたい支配しており、毛沢東《もうたくとう》が率いる共産党は、戦争時代もゲリラのようなことはやっていましたが、非常に弱く、逃《に》げてばかりいました。中国の西の内陸部の奥地《おくち》のほうに逃げており、日本兵・日本軍から逃げ回っていた状態だったのです。

それが、戦争が終わったあと、「国共合作《こっきょうがっさく》」から「国共内戦」になってきて、国民党と共産党が戦い始め、一九四九年、要するに、日本が敗戦してから四年後に、毛沢東のほうの共産党が内戦に勝利して中華人民共和国を建てたわけです。

そして、負けたほうの蔣介石の中華民国が、台湾《たいわん》のほうに逃げ込《こ》んだということです。もともと台湾には人がいましたが、中国本土からも逃げ込んできて、中華民国という国は台湾に移りました。

ですから、「戦勝国」とは言えないけれども、少なくとも、日本から独立した国があるとすれば、それは中華民国であって、中華人民共和国ではありません。中華人民共和国は、内戦によって四年後に独立したのです。

この毛沢東がつくった共産党一党独裁の国家というのが、それから七十一年、続いているわけです。

そして、「先の大戦の戦勝国だ」というようなかたちで、米中、あるいは日中が国交回復をしました。日本は田中角栄《たなかかくえい》総理のときに国交回復し、そのころに、国連の常任理事国も、中華民国から中華人民共和国に替《か》わっています。そして、台湾のほうを迫害《はくがい》し始めて、「台湾は中国の一部である」と言って、口だけで取ろうとしている状態が続いているわけです。

現実には、台湾は防衛を強くしており、「体制が違《ちが》う。台湾は自由民主主義の議会体制だ」ということで、いまだに蔡英文《さいえいぶん》総統下で緊張《きんちょう》関係にあるということです。

このあたりは、若干《じゃっかん》、「歴史の皮肉」と言えば皮肉なのですが、残念だなと思うところはあります。

戦後、明らかになってきた「共産主義の毒」

それから、ここが不思議なのですが、日本がドイツやイタリアと三国同盟を結んだことについて、「負けるほうと組んだから悪かった」という考えもあるけれども、それは「反共同盟」ではあったのです。

戦後、アメリカに「マッカーシズム」というものが流行《はや》り、「赤狩《あかが》り」「共産党狩り」が非常に進んだのを見ると、やはり、「共産主義の毒」というものはあったと思うのです。ですから、このあたりを善悪で分けようとしていますが、そう簡単ではない部分があって、中国もソ連も、共産党が牛耳《ぎゅうじ》る国になったわけです。

ソ連とは長い冷戦をして、やっとゴルバチョフ大統領のとき、一九八九年に東西ドイツの壁《かべ》が崩《くず》れました。東側、東ベルリンはソ連が押《お》さえていて、西ベルリンは自由主義圏《けん》に属していたのですが、壁が破れたのが一九八九年です。

私はそのころに講演をしたので、よく覚えているのです。壁が崩れた直後に、東京ベイＮＫホールという五千人ぐらいの規模の会場で講演をしたことを覚えています。また、現地に行き、崩された壁の欠片《かけら》を持って帰った覚えがあるのですが、何か不思議な感じでした。「なぜ、こんなことに、これほど時間がかかったのかな」と思ったのです。

それから、ソ連が支配していた共産主義圏の衛星国が、次々と崩壊《ほうかい》していきました。「経済的に敗れた」ということです。チャウシェスクという人も、ルーマニアの大統領をしていましたが、奥さんと共に銃殺《じゅうさつ》されたりもしました。それによって、「悪い国」という印象はつきました。

中国経済は七十五倍になったが、日本経済は一・五倍にとどまる

それで、一九九〇年代に入ったところでだいたい終わったと思ったのですが、ここでアメリカの戦略に違いが出てきました。日本がバブル期でかなり大きくなり、特に一九八九年に東証《とうしょう》の平均株価に約三万九千円が付いたことで、「これは、日本に抜《ぬ》かれるのではないか」という恐怖《きょうふ》を感じたのだと思うのです。

そこで、アメリカは、中国のほうに経済的メリットを落とすスタイルを取って、日本を干し上げる態度を取りました。特に、クリントン民主党政権の八年間が大きかったと思います。この八年間で中国は経済が大きく伸《の》びました。

日本は、その間《あいだ》、「バブル崩壊」と「金融《きんゆう》危機」の両方のダブルパンチを受けながら、中国が大きくなるのを指をくわえて見ていた状態ではあったのですが、アメリカは日本をそれ以上強くしたくなかったし、日本としても、「国家として、

アメリカを抜くほどまで強くなるのは怖《こわ》かった」という面もあったと思います。

そういうわけで、自虐史観《じぎゃく》が甦《よみがえ》ってきて、国内経済をかなり悲惨《ひさん》な状態にまで陥《おとし》れ、公表されている数字によれば、「三十年間で中国経済は七十五倍になり、日本経済は一・五倍にしかならなかった」というような、まさかの事態が起きたということです。

このように、中国経済を伸ばすのをだいぶ支えたために、「共産主義という制度が悪い」ということは少し棚上《たなあ》げになってしまい、分からなくなってきたのです。

チベット、ウイグル、内モンゴルで起きていること

この間に、毛沢東以下の中国はチベットを吸収し、ダライ・ラマは国外追放というかたちとなりました。ダライ・ラマがインドに亡命し、チベット政府は亡命

政権となって、チベットは取られてしまったのです。

また、今、もう一つ問題なのは、ウイグル自治区のところです。東トルキスタン、ウイグルはイスラム教中心の国ですが、これも取られて、今、〝学習洗脳〟されていると言われています。

活動家によれば、「百万人から三百万人」とも言われているのですが、キャンプに収容されたり、通勤・通学して洗脳教育を受けたりしていて、実質上の棄教《ききょう》、宗教を捨てさせられて、漢《かん》民族の文化に従うように教育されていると言われています。

それから、内モンゴルも同じ状態です。

そして今、香港《ホンコン》で同じことをやろうとしたら、もう目についてしまい、世界から注目を受けて、ほかのところまで、「これでいいのか」ということを言われ始めています。「やっていることはナチスと変わらないのではないか」ということを言われているのです。

第一次大戦後、ドイツ経済を急速に回復させたヒットラー

ナチス、ナチというのは「nation《ネイション》」のことなので、国家主義者ということです。ドイツの国家主義者たちがしたことは何だったのでしょうか。

ドイツは、第一次大戦で大敗を喫《きっ》し、巨額《きょがく》の賠償金《ばいしょうきん》を課せられたために、ものすごく疲弊《ひへい》していました。

当時、英国の大蔵省《おおくらしょう》に当たるあたりにいたと思われるケインズなどは、「あまり過大な賠償金を課してはいけない」と言っていたのですが、実際上、「負けたのだから払《はら》え」ということで課されてしまったため、ドイツはそうとう悲惨な戦後となりました。インフレも起きてマルクは紙くずのようになり、リヤカーいっぱいに紙幣《しへい》を積んでも、もう、ほとんどものは買えない状態になりました。

そうしたなかでヒットラーが出てきて、魔法《まほう》のような手法で、まさかのケインズ理論を使って奇跡《きせき》の回復劇をやってのけたのです。政府による公共投資等によって、アウトバーンという、郊外《こうがい》まで続く広い道路で飛行場にもなるようなものをつくったり、いろいろなことを国家社会主義的に行《おこな》ったりしました。

それで経済を急速に回復させて、元の豊かさが戻《もど》ってきたので、国民の支持率はものすごく高かったのです。ヒットラー政権は、決して非民主的だったわけではなく、九十パーセント以上の支持を受けて成り立ったものだったわけです。

「経済をよくしてくれた」ということです。

ちなみに、今の中国も、「経済はよくなった」と、昔に比べれば言える状態ではあります。

ヒットラーを倒《たお》したチャーチルの戦略

その次に、ヒットラーが行ったのは「授権法《じゅけんほう》」の制定です。国会の議決を経《へ》ないでも、自分の判断でいろいろなことができるようにして、独裁者になっていくわけです。

ただ、これでも後発で、先発はイタリアのファシズムです。「ファッショ」ともいいますが、ファシスト党という政党がありました。こちらは黒シャツを着ていました。ムッソリーニも黒シャツを着て、かっこよくやっていて、こちらが少し先発だったのです。

ヒットラーは、わざわざイタリアまで、このムッソリーニのファシスト党の現状を視察に行っており、ムッソリーニに会ったときには、もうずっと格下で教わるような感じだったのですが、その後、ヒットラーのほうが有名になるわけです。

ドイツは科学技術の発展が強く、国力の回復が目覚ましかったのです。

なお、ムッソリーニは殺されたあと木に吊《つ》るされますけれども、ヒットラーのほうは、まだもう少し強くて、最終的には独ソ戦となりました。ドイツがソ連との戦いをしなければ、イギリスが崩壊して、フランスと同様に占領《せんりょう》されていたことは確実でした。

イギリスは〝落城寸前《らくじょうすんぜん》〟でしたが、ウィンストン・チャーチルが、「国を護《まも》るためなら、悪魔とでも手を結ぶ」ということで、ソ連を引き入れてソ連とドイツを戦わせ、また、アメリカを引き入れ、「アメリカにフランス側から上陸させて、内陸はソ連が攻《せ》める」という挟《はさ》み撃《う》ちをさせました。自分たちはもう潰《つぶ》れかけになっているイギリスでしたが、挟み撃ちをさせることでヒットラーを潰してしまうのです。これが、一九四四年から一九四五年になるころのことです。

それで日本は孤立《こりつ》して、最後は一国だけで全世界を相手にして戦っている状態になっていました。

日本は「植民地解放」の理念を掲《かか》げて戦った

そういうことで、すっきりした善悪の判定というのは難しいのですけれども、日本が掲《かか》げていた理念のなかには、確かに、「有色人種に対する、白色人種の数百年にわたる占領・植民地政策からの解放」というものがあり、これに対しては、一定の成果をあげたことは事実です。アジアの植民地国がほとんど解放されたのは、実際にそのとおりです。

日本軍がアメリカ軍等に勝ったところを見た人たちは、有色人種であっても自信を持ったところがあり、日本が戦わなければ、まだインドは貧しいままで、イギリスの植民地であっただろうと思います。

植民地になったところは、悪かった場合には、搾取《さくしゅ》されていました。インドがイギリスの奴隷《どれい》のようになって貢《みつ》がされ、百五十年間、全然豊かにならなかったのは気の毒です。

一方、植民地でも、この香港に関しては逆で、港町であったこともありますが、富と人口が集中して貿易の要《かなめ》になり、非常に発展しました。

こうしたなかで、香港の人たちは、自由と民主主義のよさが繁栄《はんえい》につながることを十分に学んでいたために、台湾と似たかたちですが、「自分たちの制度を護らなければ、人間としての基本的な尊厳が失われる」と考えたわけです。

今年の五月のニュースに、「香港の大学入試で、『日本軍政下におけるよかったことについて書きなさい』というような問題を出したということで、当局に睨《にら》まれ、撤回を求められた」というものがありました。

「日本に支配されていたときのほうがもっとよかった」という話は、要するに、「北京に支配されるよりはよい」ということでしょう。当局に撤回《てっかい》を要求されま

したが、大学入試の出題で、そのような問題までが出てくるような時代背景には
なっているわけです。

4　全体主義国家・中国の危険性について

ハンナ・アーレントによる「全体主義」の定義

物事にはよいところも悪いところも両方あるので、一概《いちがい》には言えませんが、今の中国の怖《こわ》さは、やはり、「十四億人を共産主義という一つの考えでまとめ、それを弾圧《だんあつ》に使う」というスタイルを持っているところです。これが、そうとう怖いところです。

台湾《たいわん》でも話をしたのですが、ハンナ・アーレントという政治哲学者《てつがくしゃ》がいます。私と同時代人で、私の人生の前半では重なっていて、一九七五年に亡《な》くなった方です。

そのアーレントが、「全体主義とは何か」ということを定義していて、それによれば、全体主義の特徴《とくちょう》は、まず、「秘密警察のようなものがあり、情報が監視《かんし》されている監視社会になってくる」ということです。

これは、かつてユダヤ人がやられたことです。ドイツでもフランスでもやられたことですが、そうした秘密警察的な存在があるということです。

それから、「暴力による粛清《しゅくせい》」です。この粛清というのは、必ずしも公開死刑《しけい》とは限らず、意味としては、「その人がどうなったかが分からなくなる」という部分まで含《ふく》んでいます。

ドイツの場合は、自国のなかでやると問題になるので、ポーランドにアウシュビッツという、ユダヤ人のための強制収容所をつくっていました。ドイツは最初にポーランド侵攻《しんこう》をやり、ポーランドを取っていたからです。

そして、アイヒマンという人が指揮を執《と》り、「ユダヤ人をポーランドに行かせる」と言って列車を走らせます。ユダヤ人には何があるかは教えずに、続々と列車に乗せてそのまま行かせて、着いたら、指輪などの貴金属類、つまり金目のものはすべて奪《うば》い取り、最後は、「消毒する」と称《しょう》して、裸《はだか》にしてガス室に入れ、あとは「死骸《しがい》の山」です。その後、遺体は焼いていたと思います。

こうした強制収容所などで、六百万人が殺されたと言われています。これは、人類史に遺《のこ》る記録ではありません。

これから逃《のが》れた人たちが、イギリスやアメリカに行った方々であり、そちらに行って、自由ということの大切さを学んだわけです。

こうした「強制収容所がある」ということも、全体主義の特徴です。

「秘密警察があり、秘密警察による監視がある」、「粛清、暴力的な弾圧がある」、「強制収容所がある」、この三つが揃《そろ》えば、だいたい全体主義の特徴は出ていると言われているのです。

旧ソ連や現在の中国にもある「全体主義」の特徴《とくちょう》

これは、かつてのソ連にもありました。ロシア革命以降を見ると、〝血の革命〟が多く、旧ソ連は〝スパイ天国〟で、いろいろな所で盗聴《とうちょう》されたり、尾行《びこう》されたりしていました。

それは、東ドイツあたりでもやられていました。「尾行され、電話を盗聴される」という、自由のない世界です。こうしたことが行われ、「思想」や、「どのような本を持っているか」まで調べられるようなこともありました。

さらには、「シベリア送り」というものがあり、強制収容所があって、強制労働をさせられたり、殺されたりしていました。それから、弾圧というのは、しょっちゅう起きていました。

そういうことが旧ソ連でも行われていましたし、今の中国でも、ウイグルやチベット、内モンゴルなどでは、同じことが起きています。

長谷川慶太郎《はせがわけいたろう》さんが生前、「ニューズレター」を出しておられたとき、それを読んでいたら、「中国では年に十万件以上、暴動が起きている。当局はそれを鎮《ちん》圧《あつ》しているが、それについての報道は一切《いっさい》ないために、外国には分からない」というようなことが書いてありました。十万件以上も暴動があったならば、それを鎮圧するのは、彼らにとっては体制維持《いじ》のために不可欠のことでしょう。

日本でも、徳川《とくがわ》幕府が隠密《おんみつ》を放ち、「幕府に対して反乱を企《くわだ》てている藩《はん》などがあったならば、証拠《しょうこ》をつかまえてお取り潰《つぶ》しにする」ということをしていましたが、あのような感じになっていたと思います。

自由主義経済の発展が、徳川《とくがわ》幕府が倒《たお》れる一因となった

吉川英治《よしかわえいじ》の『鳴門秘帖《なるとひちょう》』という小説は、阿波《あわ》藩（徳島県）がテーマになってい

るのですが、スパイというか、幕府の隠密が阿波藩に入ってきます。「『阿波藩が幕府を倒《たお》すための連判状《れんぱんじょう》を書いている』ということで、その連判状を手に入れるために剣山《つるぎさん》まで登り、洞窟《どうくつ》のなかでそれを手に入れる」というような話があり、「隠密 対 地元の戦い」のようなものを描《えが》いているのです。

やはり、徳川《とくがわ》幕府には、今の中国と同じようなものが少しあったのではないかと思います。徳川幕府も、「儒教《じゅきょう》が上にあって、その下に平等がある」という平等を主《しゅ》にした考え方を持っていたので、やや似たところはあったかと思うのです。

その徳川幕府を倒したのは、意外にも、自由主義経済の発展でした。

江戸《えど》時代には、人口の九割は農民でした。農民は平等にすることができます。そして、生かさず殺さずで収奪《しゅうだつ》し、それを幕府の税金にして食べていたわけです。

ところが、だんだんと商人階級が出てき始めます。自由主義経済で、能力のある人が商売をやって儲《もう》け、豪商《ごうしょう》になったり、経済力を持ったりしてくるわけですが、幕府はこれについて読めなくなっていったのです。

例えば、紀伊國屋文左衛門《きのくにやぶんざえもん》という紀州《きしゅう》・和歌山の人がいます。みかんの収穫期《しゅうかくき》に嵐《あらし》が続いたとき、「これでは江戸にみかんが入らない」ということを見越《みこ》して、紀州のみかんを集めて船に乗り、嵐のなかを衝《つ》いて江戸まで届けたところ、みかんが高騰《こうとう》して、騰貴《とうき》的な価格で売れて大儲けをしています。

この紀伊國屋文左衛門は、松下幸之助《まつしたこうのすけ》の過去世《かこぜ》の一つと言われていますが、そういう投機的なことをやって、大儲けをした話が出ています。

あるいは、東京・大阪《おおさか》間、すなわち江戸・大坂《おおさか》間では、すでに「為替《かわせ》」に当たるものもでき始めていました。

こうした自由主義的な経済が進んでいたわけですが、これが、実は幕府を蝕《むしば》んでいたものの一つであるのです。幕府としては、ここのところを捕捉《ほそく》することができませんでした。要するに、「そういう商業行為《こうい》がどのくらいまであり、どのくらいの利益をあげているのか」をつかまえるシステムがなかったわけです。

太閤検地《たいこうけんち》といって、秀吉《ひでよし》が検地をして石高《こくだか》を決め、「石高に合わせて税金を取る」という制度をつくったのですが、それから進化していなかったので、自由主義経済の発展のもとに、幕府の目の届かないところで、大きな力を持つものが出てきたわけです。

幕府のほうは、今の政府とそっくりですが、そのころから財政赤字をたくさんつくり、豪商からお金を借りるようになって、それを踏《ふ》み倒したりもしていたのですが、とうとう力関係が引っ繰《く》り返ってき始めます。そして、「幕府、恐《おそ》るべからず」ということで、下級武士たちが、幕府を倒そうと全国の雄藩《ゆうはん》から出てき始めたのです。

また、幕府は長崎《ながさき》の出島《でじま》を通して、オランダとの取引しかできないようにしていましたが、「国内は、経済の自由化でだいぶ変動が起きているけれども、外国との自由貿易をやれば、もっと儲かる」ということで、薩摩《さつま》藩（鹿児島《かごしま》県）などは密貿易もやって、外国と取引をして利益をだいぶあげていたのです。

現在の中国は、倒幕《とうばく》前の江戸《えど》幕府と似ている

さらに、歴史の逆説ですが、薩摩藩も長州《ちょうしゅう》藩（山口県）も最初は攘夷《じょうい》派であり、外国の艦船《かんせん》が近くを通ると、砲撃《ほうげき》をするなどして喧嘩《けんか》を売っていました。しかし、向こうから藩の内陸部まで砲撃されて、「これは敵《かな》わない」ということに気づきます。しかも、「貿易を強くして、外国の洋風の考え方を取り入れないと後《おく》れていく」ということで、それを入れていったのです。

これは幕府も一部入れていましたが、薩摩藩などはそれを徹底《てってい》したために、戦力的にも入れ替《か》わるのです。軍隊の数などから言えば、幕府に勝てるはずはないのですが、「洋式軍隊をどれだけつくれるか」というところで、勢力図が変わっ

ていったわけです。

このように、資本主義の発展というか、「元手になるお金をどのように調達するか」というところで、自由な商業や貿易によって元手を手に入れ、さらに、それによって、近代的な武器や戦術を入れて、旧態依然《きゅうたいいぜん》たる武士の時代の戦い方を変えることで、「幕府よりも小さな藩が、幕府を倒すことができるようになった」という革命が起きたわけです。

当時、長州藩の高杉晋作《たかすぎしんさく》も、上海《シャンハイ》に行き、欧米《おうべい》の船がたくさん来て貿易をしている、その繁栄《はんえい》ぶりを見て、「このままではいけない」と気づいた一人であったと考えられます。

今の中国は、この逆をやろうとしているわけです。開国とは逆の、どちらかといえば江戸《えど》幕府のような感じで、「幕府が一元管理をして、外国の影響《えいきょう》はできるだけ小さく、極小《きょくしょう》に縮めてコントロールし、自国の国内法が国際法になるように、外国にまで通用するようにしよう」という考え方を持っています。

「民主主義の裏付けのない法治主義」は危険

また、中国がこの香港《ホンコン》安全法をつくったことを見ると、「もう一つの問題点」も見えてきます。

私たちは、学校の授業等では、「法治国家というのはよいものである」というように教えられてきました。確かに、よい国なら、法治国家はよろしいのです。よい機能をします。けれども、「悪い国の法治国家は、悪い方向で機能する」ということも知らなければいけません。

これは、中国の歴史を見れば分かります。悪王、専制君主に当たるような人が出てきたときには、「身勝手な法律をつくって、人を罰《ばっ》したり、敵を滅《ほろ》ぼしたり、過酷《かこく》な税金を取り立てたりしては、革命を起こされる」ということが何度も起きているので、「法律があるから正しい」というわけではないのです。

これに関しては、法律のつくり方において、「民主主義の裏付けがあっての法律ならば、ある程度、みなが受け入れることができる法律ができやすい」という傾向《けいこう》はあります。ただ、それでもまだ間違《まちが》いはあります。

要するに、「大勢から支持された人たちがつくったものが法律になる」という制度であれば、民主主義が法治主義の担保《たんぽ》にはなりますが、民主主義が機能していないところであれば、「いちばん権力を持っている人が決めれば、そのとおりになる」ということになるわけです。

アメリカの大統領は最大権力者に見えますが、最大権力者が大統領令を出すに当たっては、マスコミをほとんど敵に回したりもしています。

自身が唯一《ゆいいつ》情報発信をしているツイッターについても、ツイッター社により、大統領の書いた文章が〝削除《さくじょ》〟（非表示）されるという、不名誉《ふめいよ》なことまでやられています。それほど手強《てごわ》いのです。

また、アメリカは民主党と共和党の二大政党なので、誰《だれ》が大統領になっても、いつも、だいたい半分ぐらいは敵というか、反対勢力がいるようなところがあり、けっこう厳しいのです。

そういう意味で、アメリカの大統領は強いけれども、権力の基盤《きばん》としては、微《び》妙《みょう》な舵取《かじと》りをしないかぎり、維持することは困難な状態になっています。

〝基本教義〟に「武力革命」の思想が入っている共産主義

これに対して、中国では、香港安全法を成立させるに当たり、反対はゼロでした。

世界的にこれだけ問題にされ、例えば、アメリカが香港を護《まも》るための法律をつくったり、イギリスが香港の住人に対して、「三百万人ぐらいまでは亡命して逃《に》げられるように、イギリスの市民権を与《あた》えてもよい」というようなことを言ったりしている状況《じょうきょう》であるにもかかわらず、そういうものはまったく無視して、国家に対する反逆のことばかりを考えているということです。

もちろん、どの国にもいちおう国家転覆罪《てんぷくざい》のようなものはあり、そうした制度自体はあります。

日本にも「破防法（破壊《はかい》活動防止法）」というものがあり、テロや国家転覆を狙《ねら》っているものにかかるわけです。

以前、オウム真理教事件で「破防法適用」ということが出たときに、オウムを追い込《こ》んでいた左翼《さよく》の人権ジャーナリストたちは、破防法には反対していました。ここでは急に逆になって、「破壊活動防止法は適用すべきでない」というような、ちょっと矛盾《むじゅん》したことを言っていたのです。

それで、警察の公安が幸福の科学に来て、「賛成してくれ」とお願いするようなことがありました。「オウムへの破防法適用に賛成してくれ」と言われ、当会のほうは、「いいですよ」と気安く言っていたのです。

幸福の科学としては、国家に対して破壊活動をするつもりはありませんので、気にもしていなかったのですが、オウムを追い詰《つ》めていた左翼のジャーナリストたちのほうが反対をしていました。

ちなみに、「日本共産党」という政党がありますけれども、表向きは、「中国共産党とは袂《たもと》を分かち、天皇制を認めて日本の憲法を死守する」などと言っていますが、いまだに破防法の指定団体（調査対象団体）になっています。そうなっている理由は何かというと、根っこは共産主義にあります。

マルクスは、「万国《ばんこく》のプロレタリアートよ、団結せよ」ということで、「搾取《さくしゅ》する上流階級を倒して、その富を取り、みなに分配して平等な社会をつくる」という理想を持っていましたが、毛沢東《もうたくとう》主義では、さらに、「革命は銃口《じゅうこう》より生まれる」ということを言いました。

「銃口」というのは、ライフルのようなもの、銃剣《じゅうけん》の銃のことでしょう。要するに、「武力革命によって、共産主義を樹立させる」ということを言っているわけです。

ですから、「日本共産党は、いかに平和な団体か」というようなPRを一生懸《いっしょうけん》命《めい》してはいるけれども、武力革命というものが〝基本教義〟のなかに入っているのが分かっているので、破防法の対象からなかなか逃れることはできないのです。

「本気になったらやるだろう」と思われているということです。

本気になれば武力革命をするし、それで国を乗っ取った場合には、自衛隊が「共産党軍」になるのは確実です。共産党の国というのは、決して平和な国家ではなく、実際には、そうとう強圧的なことをやっています。

北朝鮮《きたちょうせん》と中国の「自由化・民主化」は「神の意志」

そういうことで、香港が今、〝落城《らくじょう》〟しようとしています。

民主派団体の香港衆志（デモシスト）などには、私たちが親近感を持っている活動家もいました。「雨傘《あまがさ》革命」以来、学生のときから活動していたジョシュア・ウォン（黄之鋒《こうしほう》）さんやアグネス・チョウ（周庭《しゅうてい》）さんなど、そういう人たちも、昨日《きのう》（六月三十日）、すでにそこから脱会《だっかい》すると言い、団体の解散を宣言しました。

表向き、そういう団体に所属していたり、役職に就《つ》いていたりしたら、逮捕《たいほ》されて終身刑にされる恐れがあるので、解散ということになっています。

全世界が見ているその目の前で、自由主義的で民主主義的な活動団体が解散し、その代表者たちがそこを脱退するということを表明しないと、身の安全を護れないという状態に現在なっているということです。これは由々《ゆゆ》しき事態であろうと思います。

一方、北京《ペキン》から見れば、「そんなのは内政問題だ。一切、口を出すな」ということでしょうし、一般論《いっぱんろん》としては、「なぜ、アメリカの国会が、香港の安全を護るための法案を通さなければならないのだ。どうしてウイグル法案をアメリカの国会で通すのだ。これは中国の国内問題だ」と言うこともできるでしょう。

ただ、アメリカの場合は、オバマ前大統領のときに「世界の警察官から撤退《てったい》する」とは言っていましたが、やはり、「そうは言っても」というところがあります。国連なるものもありますが、実質はアメリカで、「アメリカの軍事力」が担保になっているものです。世界の正義の判定をする場合、最終的には、「アメリカの実行力」が担保にはなっているのです。

もし、ウイグルや香港などが非常に悲惨《ひさん》な弾圧を受けたとしたら、それを解放できる勢力は、今はアメリカ以外にないと考えてよいと思います。

その前の段階では、経済制裁等でだんだん締《し》め上げていくという方法になりますが、内部で人権抑圧《よくあつ》を受けている人たちにとっては、経済制裁をされると自分たちのほうが先に弱ってくることもあるので、〝痛し痒《かゆ》し〟というところもあります。

北朝鮮《きたちょうせん》なども経済制裁をされていますが、実際上、国家から弾圧されている弱い人たちのほうが食糧《しょくりょう》危機で、今、苦しんでいます。本当に昆虫《こんちゅう》などを捕《と》って食べているようなレベルまで来ているのです。

この北朝鮮や、中国のように人口の大きな巨大《きょだい》な統一国家、秦《しん》の始皇帝《しこうてい》のような国家をつくろうとしている者に対して、何らかの「自由化・民主化」をすることは、これは「神の意志」であると思わなければいけないと、私は思っています。

これをどうやってなすことができるかということが問題なのですが、「香港の人々が考えている繁栄の条件が、北京政府の支配下にあるマスコミには一切分かっていない」ということは、非常に大きいと思うのです。「繁栄の条件」がよく分かっていないのです。そして、日本も、中国の影響はすごく強くなってきていますので、本当に考え方は難しいのです。

5　全体主義化する日本の問題点

二〇〇〇年代から経済政策として取られた「新自由主義」とは

日本も、ある意味ではうまくいっていないところがあります。

一九九〇年代には、「バブル崩壊《ほうかい》」と「金融《きんゆう》危機」を迎《むか》え、「銀行も潰《つぶ》れるのではないか」と言われたのですが、それを何とか乗り越《こ》えました。

二〇〇〇年代に入って、小泉純一郎《こいずみじゅんいちろう》総理の五年ぐらいの統治下では、一般《いっぱん》的には「新自由主義」といわれる経済政策に近いものが取られていました。

あまり耳になじみがなくて、よく分からないかもしれませんが、新自由主義というのは、要するに「市場経済を優先して競争を活発にし、よいものが残って悪いものが淘汰《とうた》されることを、ある程度甘受《かんじゅ》していくようにしなければ、経済の発展はない」という考え方です。そういうものを小泉総理の時代には導入して、停《てい》滞《たい》している日本経済を何とか再生しようとしていました。

この新自由主義は、アメリカのシカゴ学派、シカゴ大学の経済学の教授たちの考え方あたりに根っこがあり、ハイエクやフリードマン等の、「政府からの自由」を語る学者たちの影響《えいきょう》を受けています。

ですから、基本的に「小さな政府」なのです。「小さな政府で、市場経済は自由に任せる。そのなかでは、よりよいものが残って悪いものは淘汰されていくけれども、そのほうが経済的には成長する」という考え方です。

これを小泉政権下で行《おこな》ったのですが、小泉政権の末期になって、批判が激しくなってきました。それは、「格差が大きくなった」ということです。「格差が開《ひら》いた」ということで批判をされました。

これは、ある意味での「マルクス主義の復権」なのですが、追いやられていた左翼《さよく》のほうが、「格差が拡大した」ということで追及《ついきゅう》をだいぶし始めて、新自由主義に対する批判がすごく強くなってきたのです。

なお、幸福の科学も、新自由主義に分類されることも多いのですが、私自身はあまり考えたことはありません。特別の学派に属しているつもりはないのですが、当時の小泉総理や、今の安倍《あべ》総理、麻生《あそう》副総理の考え方も、本当はそちらのほうにあるのだろうとは思います。

また、民主党政権が三年ぐらいあり、表向きは、若干《じゃっかん》、社会民主党風の〝顔〟ではありましたが、〝下半身部分〟は新自由主義であったのではないかと言われています。「コンクリートから人へ」などと言って、「公共事業をやめて、人に優《やさ》しい政府をつくろう」というようなことを言っていましたが、全体がそうではなくて、やはり〝下半身部分〟には新自由主義が残っていたのではないかと言われているのです。

大きな金融《きんゆう》不安をもたらしたリーマン・ショック

ただ、大きな変化が二つありました。

一つは、二〇〇八年にアメリカで起きたリーマン・ショックです。

リーマン・ブラザーズという会社が、金融《きんゆう》工学を駆使《くし》して、いろいろな商品の複雑な組み合わせによって、実際上の赤字を全世界に散らばらせて分からないようにし、要するに、「収入がなくても家が持てる」といったような仕組みを考えつきました。

金融工学というのは、特殊《とくしゅ》な、複雑な数学ができないと分からないものであり、ノーベル賞級の数学者も入って、あまりにも複雑な仕組みをつくったのですが、要は、「収入がなくても家が建てられる」というわけです。「借金があっても建てられる」というので、これは都合《つごう》のいい話ではありますが、「いろいろな証券を複雑に組み合わせて散らばらせてやれば、分からない」ということをやり始めました。

これは、日本では、九〇年代に拓銀《たくぎん》（北海道拓殖《たくしょく》銀行）や山一證券《やまいちしょうけん》がやった、損失の「飛ばし」と変わらないでしょう。国内を黒字に見せるために、損失が出ているものを海外のいろいろなところに飛ばして見えないようにしていましたが、それがバレて、最後は崩壊しています。

リーマン・ブラザーズの場合は、それほど単純なやり方ではなく、もっと複雑で、素人《しろうと》には分からないだろうというやり方ではあったのですが、結局、経済学的には、そんなものがありえるはずはありません。「収入がない人、あるいは借金がある人が、持ち家を持てる」などということは、あるわけがないのです。

ただ、アメリカのほうが、日本よりも家が安くはあり、私がニューヨークにいたころでも、十万ドルから二十万ドル程度で郊外《こうがい》に庭付きの家を買うことができました。地下室があって、地下で卓球《たっきゅう》ぐらいはできる程度の持ち家を、部長クラスならだいたいキャッシュで買えたのです。

日本円にしたら、一千五百万円から二千万円程度で買えましたし、当時は大統領の収入も二千万円ほどしかなかったので、実は、日本のほうが豊かであった時代なのです。

だいたい、郊外の家で、上が二階ぐらいで、下に大きな地下室があります。これが、ホラー作品などによく出てくる地下室です。どこの家にもある地下室でホラー現象が起きますが、古い建物が多いのです。築二百年ぐらいのものが多くて、年季が入っているものほど高く売れます。レンガ建てとか、石造りとかがけっこう入っていて、日本のもののように簡単には壊《こわ》れないので、何代か前まで住んでいた人がいるのです。幽霊《ゆうれい》が出るような家は高く売れるというのは、アメリカでもイギリスでも同じであり、要するに、古いものに値打ちがあるわけです。アメリカは新しい国なので古いものには値打ちがあり、そういうものが手に入っていたのですが、仕組みがバレてしまって崩壊しました。

私は、ちょうど、二〇〇八年にニューヨーク講演があったとき、リーマン・ブラザーズの前を歩いて通った覚えがあります。ビルのなかのワンフロアか何か、ちょっとした所でダンボール箱を持って運び出しているぐらいだったので、このくらいの会社のことが世界恐慌《きょうこう》になるほど大きなことになるのかと、ちょっと不思議な感じを受けたのを覚えています。

ただ、世の中の騒《さわ》ぎはそういうことで、結果、大きなダメージは間違《まちが》いなくあり、これについても、また、「六十年に一度」とか、「百年に一度の金融災害」とか、言っていました。

しかし、私は、「いや、そこまでは行かない」と日本で言いました。ダンボール箱で運び出しているのを見ていて、「この程度の会社か」という感じだったので、そこまでは行かないと思っていたのです。また、あのとき、総理だった麻生氏が、安定のために、世銀に十兆円ぐらいのお金をポンッと出したと思うのですが、それもあって、そこまでは行かないと思っていました。

実際、行かなかったのですが、それでも、大きな金融不安と、いろいろと経済的に、失業者や収入の低減などをもたらしました。

これは、やはり、「大きな政府」が出てくるきっかけの一つでしょう。

東日本大震災《だいしんさい》がもたらした経済政策への影響《えいきょう》

それから、二〇一一年の東日本大震災《だいしんさい》では二万人からの人が亡《な》くなり、大津波《おおつなみ》で大被害《だいひがい》が出ました。これもまた、新自由主義というような、「市場経済や、個人の自由な経済に任せておけばいい」という考え方に対して、反対の考えが出てくる素地にはなりました。

「こんな大きな災害が来たら、個人でできるわけがないではないか。政府による補償《ほしょう》が必要だ」ということで、避難《ひなん》住宅地をたくさんつくって、岩手や福島の家に帰れないような人たちが、たくさん、何年も住んでいたりしました。

大きなダメージがあって、東京の銀座《ぎんざ》あたりまで、デパートが半分ぐらい電球を消したりして節電に励《はげ》んでいたのを覚えていますので、「大きな政府」の出番ではあっただろうと思います。

この二つがあって、新自由主義に対する叩《たた》きはけっこう激しいのですが、それであれば、幸福実現党などが大いに伸《の》びなかった理由は、そういうところにもあったのかもしれません。

ただ、同じように新自由主義といわれるような考え方を持っている、橋下徹《はしもととおる》氏の大阪維新《おおさかいしん》や日本維新などは、政党を立ち上げてしまいました。彼も、「激しい競争のなかで打ち勝って、もっと金が儲《もう》かるほうへとやっていく人が偉《えら》いのだ」というような考え方を持っていて、大阪気質と言えばそうなのですが、そちらのほうは生き延びてやっているような状態です。

そういうことで、今は「新自由主義 対 新福祉《ふくし》国家主義の戦い」がずっと続いているわけです。

コロナ・パンデミックでも見られた「大きな政府」志向

こうしたところに、二〇一九年の末から二〇二〇年にかけて、コロナウィルス・パンデミックが始まって、また統制経済のようなものが、一部始まりました。これもまた、大きな政府になるきっかけのようなところがあり、二十一世紀になってからも、三回ほど「大きな政府」志向になるものが起きているわけです。

「大きな政府」とは何かというと、「税収を増やして、政府が面倒《めんどう》を見る」というようなかたちです。貧乏《びんぼう》になった人、失業した人等の面倒を見る、それから、家族関係等で貧しくなった人の面倒を見る、年寄りの面倒も見るといった感じの政府です。当然、財政赤字はどんどん膨《ふく》らんでいきます。

これが、今回のコロナ・パンデミックでも見られました。

さらに、今回は、「法律」をつくらずして、政府、あるいは地方自治体、都知事などの「要請《ようせい》」だけで、経済活動まで停止され、県をまたいだ移動も禁止できるということをやってみせています。江戸《えど》時代のようなことを現実にやってみせたので、いつでも転落する可能性というか、不自由な国になる条件はすでにあるということは、知っておいたほうがいいのではないかと思います。私は、そのあたりの怖《こわ》さを感じました。

それと抱《だ》き合わせで、「移動の自由」を奪《うば》い、「営業の自由」を奪いました。「人が集まるようなことはやめろ」ということで、夜は商売をやめろ、人は集まるな、コンサートはするな、相撲《すもう》もサッカーも観客が来てはいけない、宗教の団体も大きな集まりはできないという感じで、そのあたりをみんな制限していって、代わりにお金をばら撒《ま》くというようなことではありました。

東京都では、数千人の感染者《かんせんしゃ》のうち、ほとんどは退院しており、何百人かが亡くなっています（説法《せっぽう》時点）。それに対して、二カ月余りで、東京都が持っていた一兆円ほどの貯金をはたいてしまったのです。しかし、さらにこれから、第二波、第三波も出るかもしれません。

安倍総理に関しては、アベノマスクをばら撒いたり、さらには、赤ちゃんから総理大臣まで一人十万円を配るということをやったりしていますが、やや効果が薄《うす》かったことは、みなも感じてはいると思います。

街の風景を映しても、アベノマスクをつけている人は全然いませんし、国会を映しても、アベノマスクをしているのは安倍総理一人だけです。冷たすぎるというか、閣僚《かくりょう》まで、みな違うマスクをつけています。もっと大きなもの、あるいはファッショナブルなものをつけているので、まったく〝空振《からぶ》り〟だったことはよく見えているように思います。

それにしても、格差社会というものを排撃《はいげき》していますが、今回の営業自粛《じしゅく》は、ある意味でそれをもっと加速する面を持っていたと思うのです。

例えば、新宿歌舞伎町《しんじゅくかぶきちょう》に代表されるような夜の盛《さか》り場です。無名性のある所で、いろいろな外国の人も遊びに来ますが、国内でも、田舎《いなか》から来て、とりあえず東京で住むために働いているという人がたくさんいます。

風俗店《ふうぞくてん》などでは、コロナ以前は月に百万円ぐらい稼《かせ》げていた時代もあったそうですが、その月百万円ぐらいあった収入が、二、三万円ぐらいにまで落ちてきているようです。

さらに、彼女たちは業者の寮《りょう》などに入っているので、寮費で一万五千円から三万円ぐらい取られるわけですが、それも払《はら》えず、厳しくなっているといいます。

このように、意外に、歌舞伎町のような所に最貧女子がいるということです。

また、「これでは食べていけない」ということで、出張して、〃出前〃をしているようです。とにかく、夜のサービスをする女性たちが食べていけなくなって、名古屋《なごや》へ行ったり、徳島へ行ったりしたという人もいました。徳島ではまだそれほど感染者もいないからということで、〃出前〃して行ったけれども、それほどの収入はないとのことです。

こうした、「歌舞伎町からの出稼ぎが起きていた」というようなことまで言われています。

これからは、なかなか厳しいと思いますし、営業補償をするのはそれほど簡単ではないでしょう。まずは雇用《こよう》を削減《さくげん》するので、店の子たちにクビを申し渡《わた》しますが、次に行く所がないというようなことになります。非常に厳しい状態が起きると思います。

AIによって強度な監視《かんし》システムが出来上がりつつある中国

このように、今、日本も含《ふく》め、アメリカ等も非常に厳しく、ブラジルなども厳しい状態です。また、アメリカの大統領は、人種差別主義者のように言われ、国内で警察官による黒人殺害で暴動なども起きて厳しいなか、「香港《ホンコン》問題に対して意見が言えるかどうか」というのは、本当に勇気の要《い》る、難しいことであるのではないかと思います。

ただ、やはり、長い目で見て、落ち着くべきところに落ち着いていくことが必要だと私は思っているので、原理・原則は、いちおう考えておいたほうがいいと思います。

習近平《しゅうきんぺい》氏から見れば、自分の悪口など、絶対に言えないような国をつくることが素晴《すば》らしい国の完成であり、〝習近平ユートピア〟なのです。「くまのプーさんに似ている」と言われると腹が立つので、誰《だれ》かがインターネットで「くまのプーさん」と検索《けんさく》したら、とたんに当局が捕捉《ほそく》するというところがあります。

アメリカでも日本でも、もう少し善意に考えていた人たちは、「中国の社会的な経済状況《じょうきょう》が上がれば、民主化するのではないか」と考えていたのですが、そうはならなかったのと同時に、今度は逆に、監視《かんし》カメラやＡＩによって、強度な拘《こう》束《そく》システムというか、監視システムが出来上がって、たとえ人口が多くても全員をつかめるようになろうとしているのです。

マイナンバー制の先には「消費税率三十パーセント」と「貯蓄税《ちょちくぜい》」か

むしろ、日本がそれに倣《なら》おうとしていて、今、「マイナンバー制の強制性」を高めようとしています。まだ二割程度しか普及《ふきゅう》していないマイナンバーカードを、自動車運転免許《めんきょ》やその他、いろいろなものに連結しようとしています。

「この最終目的は何か」ということは、私がもうすでに言っているとおりです。今、財政的には一千二百兆円以上の赤字でしょうが、企業《きぎょう》の内部留保や個人の貯金等はまだ何百兆円かはあるので、ここから取っていくことを考えているはずです。

一つは、「消費税を上げていく」ということです。

「コロナウィルス対策」などと称《しょう》して金を撒き、「政府はしっかりやっているだろう。大きな政府のほうが生活は安全だろう。その安全のためを考えれば、老後の安泰《あんたい》や、こういうウィルスがまた流行《はや》ったりしたときに営業や生活を支えるためにも、税収がもっとあったほうがいいのだ」ということで、今、「十パーセント」に上がっている消費税率を「十五パーセント」から、最終的には、最低でも「三十パーセント」にまで上げることを狙《ねら》っていると思うのです。これをやっていく口実ができているわけです。

それから、もう一つは「貯金税」「貯蓄税《ちょちくぜい》」です。貯金が銀行にあるのは分かっているので、これを全部マイナンバーと連結してしまえば、各人がどれだけ持っているかが分かるようになります。番号だけ入れれば、全部が一目瞭然《いちもくりょうぜん》で分かるようになるので、「貯金に税金をかけていく」という次の手があるわけです。

安倍政権は、長らく「企業が内部留保をして、金を使わないのはけしからん。金を持っているなら、もっと従業員に給料を払い、設備投資をして企業活動を拡大せよ」「休みを増やして給料を上げろ」と言っていました。「内部留保という、企業のなかに貯《た》めている金を減らせ」ということを、ずっと政策としてやっていたはずです。

ところが、今回のコロナウィルス問題が起きて、結局、「内部留保をしている企業が賢《かしこ》い」ということが証明されてしまいました。生き残れるのは内部留保を持っているところだけで、もし一カ月ももたないような企業なら、あっという間に、政府の補助金が出る前に、もう潰れてしまうということが分かったのです。

少なくとも、六月だけで公式に一千社以上は潰れたと言われているので、非公式なものはもっとたくさん潰れていると思います。

「やはり、内部留保が要る。利益が出ても、企業がそれを社員の給料としてばら撒いたり、外にばら撒いたりせず、あるいは、無駄《むだ》な投資をたくさんしないで内部に持っていたのは、こういうことに備えるためのダム経営だった」ということが証明されたのです。

また、個人が貯金を持っているのも、結局、「何が起きるか分からないから、すぐに消費には回せない」という気持ちがあったはずで、「こちらのほうが正しい」ということが証明されてしまったわけです。

いろいろな天変地異や自然災害に相当するようなこと、戦争等で、「大きな政府」を目指す動きは強くなると、私は思います。政治家も官僚も、「大きな政府」が好きなのです。権限や権力が大きくなるし、国民が言うことを「はいはい」ときいてくれたり、何かを頼《たの》みに来たりするからです。

しかし、その危険性は知っておいたほうがいいと思います。

公務員が〝貴族〟のようになっている現在の日本

今日の報道によると、人事院の発表では、国家公務員の夏のボーナスは八年連続で上がっています。増加額は小さく、今回は千円ぐらいしか上がらないのですが、八年連続で上がっているのです。

支給額は、標準三十五歳《さい》モデルで約六十八万円です。そのくらいはもらえるのですが、まことに不思議です。「法律で給料が決まっている」というのは、確かに景気の変動の影響《えいきょう》を受けないので、非常に便利ではあろうと思います。一般企業の場合には、景気が悪くなれば、給料をカットされたり、ボーナスをカットされたりするのに、公務員だと給料は下がらないのです。

一般国民の場合、平均で三百九十万円から四百数十万円ぐらいの年収になっていると思うのですが、公務員のほうはだいたい六百五十万円以上が平均で、下がりません。上げ幅《はば》を少し縮めることはあっても、下がりはしないので、「公務員のほうが〝貴族〟になってしまった」という状態になっています。

これは、「社会主義国家化している」ということです。

今回のコロナウィルス対策では、「赤ちゃんから総理大臣まで、国民一人につき十万円を配る」ということを決めて実施《じっし》したわけですが、面白《おもしろ》いことに、「安倍総理が『私たち公務員の場合、別に給料は減らないのだけれども、それでも十万円が来るのかなあ』というようなことを言った」という話が行き渡っています。

公務員の給料は法律で決まっているので下がらないのですが、「給料が下がらないのに十万円をもらうって、どういうことだ」というわけです。確かにおかしいのですが、「使ってもらえば、景気がよくなる」というだけのことかもしれません。ただ、この経済は、おかしいことはおかしいのです。

実際に被害が出ているところには出してもいいかもしれませんが、それ以前に、「営業を停止させておいて、あとから補償金を出す」という考え方だと、財政赤字がもっと大きくなると同時に、救いがたいものがあります。

例えば、飛行機に乗る人や新幹線に乗る人がゼロになっていて、この損失を補《ほ》塡《てん》しても回復するはずはないので、期間が長くなれば、もう倒産しか道はないのです。このあと、航空会社やJR系などが倒産して、何兆円単位で多額の負債《ふさい》が出るかと思うと、「これから来るものは、すごく恐《おそ》ろしい」と私は思っています。

〝感染症《かんせんしょう》全体主義〟ではなく、「自己責任型」の国家運営を

大事なことは何かというと、もちろん、感染症《かんせんしょう》学者の意見を聞いて行うのも、一部、科学的に大事なことはあるのですが、〝感染症全体主義〟のようになってしまったら問題だと思うのです。一定のものについては、やはり、国民を愚民視《ぐみんし》しないで、国民も「自分の責任において判断する国民」でなければいけないと思います。

「塾《じゅく》などは、人が密集するから営業を止《と》めよ」と言うのは、国としては越権《えっけん》だと思います。「塾に行って勉強するか、しないか」ということについては、「危ない」と思ったら行かなければいいし、「行ける」と思えば行けばよいのです。コンディション（条件）は全部違うと思うので、それは自己責任なのです。自己責任で、「やったほうがいい」と思うものは、やったらいいわけです。

「お好み焼き屋で感染するから、これも営業停止」といっても、お好み焼き屋にもいろいろありましょう。席の空《あ》き具合や空気の入れ換《か》えの具合から、客の入り方など、いろいろあると思うので、これには「店の自己責任」と「お客の選び方の自己責任」があると思うのです。

店選びや、「夜、遊んで感染するかどうか」ということについては、一定の率が出ていることを示した上であれば、ある程度、自己責任はあると思います。

一律にやると、たいてい間違いが起きます。

やはり、ある程度は、自己責任型で物事を判断していくことです。大枠《おおわく》として、「こういうものは危険ですよ」と言うことは大事だと思いますが、強制的に、小《こ》池《いけ》知事の一言《ひとこと》や安倍総理の一言で、「県から県の移動までできないようにする状態が続いている」というのはおかしいですし、「営業ができない」というのもおかしいのではないかと思います。

「うつる」と思うなら、行かなければいいだけのことです。そのあたりは、企業努力が必要な部分であろうと思います。客のいない相撲やサッカー、野球などは、私から見ると、やはり、やりすぎというか、「そこまでやらなくても、いいのではないか」と思うことは思うのです。

すべては、「自由の問題」です。「自由を享受《きょうじゅ》するだけの認識力が、国民にない」というように国民を愚民視している政府からは、「国民は国家の統制に服せよ。国家が決めたことは全部守れ。お上《かみ》は賢いのだ。だから、お上が決めた法律どおりにやっていればいいのだ！」というような感じの押《お》しつけが来るわけです。

これは、中国のところともつながっていく可能性のあるものではあります。

私の考えとしては、次のようなことが言えます。

何度も何度も、自然災害や金融災害などが起きたり、台風が来たりして、いろいろなことをしていると、「大きな政府」の条件が出ることはあります。しかし、そういうものに対しては、企業なり個人なりが、あらかじめ準備すべきものは準備したり、蓄《たくわ》えたりしておくべきです。

また、国についても、入ってきた予算を全部使うのではなく、一部を取り分けて積み立てておき、それを災害対策用に使っていくような考え方、普通、企業ならどこでもやる考え方を、やはり、しなければいけないと思います。「被害が出てから、急に赤字国債や赤字公債を出し、借金をして行う」という考え方は、やはり、後手後手《ごてごて》でおかしいと考えています。

「大きな政府」の考え方には、人間を堕落《だらく》させる傾向《けいこう》がある

基本的には、「大きな政府の考え方では財政赤字から抜《ぬ》け出すことはできないし、人間を堕落《だらく》させる傾向《けいこう》がある」ということは、はっきりと言っておきたいと思います。

今、政府が保障しているもののなかにも、昔は出していなかったものもあるのです。

例えば、戦前は、「老後の年金」などはありませんでした。なかったけれども、飢《う》え死にはしませんでした。それはなぜかというと、家族が面倒を見るからです。家族のなかで成功者を一人でも出していれば、その人が責任を持って面倒を見るからです。その意味で、子だくさんになったということもあったと思います。やはり、全員が成功するわけではないので、子供も多くなったのです。

ところが、今は子供の人数も減っていますし、いない場合もあり、さらには離《り》婚《こん》も自由になっています。

子連れ離婚をするとどうなるかというと、母親のほうが子供を連れて離婚した場合、その家庭は貧困家庭ということになって、ここに対して保障が要るようになります。政府の生活保護が要るわけです。そして、夫のほうは、いろいろな借金や仕送りなどで、だんだんと収入が減っていきます。さらに、親との縁《えん》も切れていると、親を養う人もいないということで、親は親で、また政府が養わなければいけなくなり、年金や社会保障を厚くしていかなければならなくなるわけです。

そういうことで、真っ当な家族ができていれば、総合的に救うことができたものが、バラバラに補助金を欲《ほっ》するような社会になってきているのです。これは、あまりよい方向ではないと思います。

以前、「年収が五千万円以上もある芸能人の息子《むすこ》がいるのに、母親のほうは生活保護を申請して受け取っている。これはおかしいのではないか」ということが話題になったことがありましたが、やはり、おかしいでしょう。

息子として生まれて、五千万円以上の収入があったら、母親が生活保護をもらうというのはおかしいことだと思います。やはり、育てるのにお金はかかっているわけですから、多少は、お母さんの生活のためにお金を回してあげるべきであり、国がそこまで補助しなければいけない理由はありません。

あるいは、家族の仲が悪くなった部分の補助までしなければいけない理由はないと思うのです。

これは、「宗教」などがなくなり、「相互扶助《そうごふじょ》の精神」がなくなった社会での孤立《こりつ》した個人、あるいは機械化した個人の生活にしかすぎないと思います。

6 真の繁栄《はんえい》に必要な「自由」の思想

「自由」は、厳しいけれども非常に価値の高いもの

政治から経済まで幅広《はばひろ》く話をしたので、話題がやや広がってしまいました。中国は香港《ホンコン》安全法をつくり、今、警察も入っていますが、私の考えを言えば、この法律を本当に実行して、巨大《きょだい》ビルがたくさん建っているような香港で「企業《きぎょう》活動の自由」や「政治活動の自由」が完全に死滅《しめつ》したら、脱出《だっしゅつ》する人が多くなるでしょう。経済人は、たいてい、シンガポールやマレーシアなどに逃《に》げていくでしょうから、貧しくなると思います。

このあたりで、結果ははっきりと出るでしょうし、国際社会の非難は確実にあ

るので、「中国の内部崩壊《ほうかい》」も、きっと起きると私は考えています。

その意味でも、ヨーロッパやアメリカ等が、今の危機の状態のなかで破滅せずに持ち堪《こた》えて、回復してくれることを祈《いの》りたいと思っています。

また、コロナウィルスその他の、いろいろな災害が、これからも来ると思いますが、店の経営と同じで、できるだけみんなで知恵《ちえ》を絞《しぼ》り、乗り越《こ》えていけるように努力したほうがよいのではないかと思います。アベノマスク的なものをたくさん思いついては出して、お金を使うようなことは、あまりしないでいただきたいと思っています。

やはり、「自由の価値」というのは、非常に高いものです。

そして、「自由である」ということは、例えば、いろいろな企業を起こしても、経営能力の差によって、発展するところもあれば潰《つぶ》れるところもあります。それは厳しいことです。実に厳しいけれども、堕落《だらく》や腐敗《ふはい》を戒《いまし》めて避《さ》けて、知恵をつけるためには必要な過程でもあるのです。

ですから、潰れることはあるかもしれないけれども、転職の自由や新しい再雇《さいこ》用《よう》の自由が保障されているかぎり、ある程度、そうした「市場原理」や「成功の方法」は、道を開《あ》けておくべきだと思います。

独裁権力と戦えるのは、最後は「宗教」しかない

今の日本で、そうした「自助論」のようなことを言うと、本当に票がもらえないので、政党活動においては極《きわ》めて残念な結果になります。

最近では、すでに東京都の貯金を使い果たしているのに、さらに十五兆円ほど公債《こうさい》を発行して、都民全員に十万円ずつばら撒《ま》くなどと言っている人もいますが、私には、本当に〝票の買収〟にしか見えません。やはり、「要《い》る人と要らない人がいるでしょうが」と思うのです。

「そういうことをされるぐらいなら、自由にやらせろ」という人もいるでしょう。「十万円をもらうぐらいなら、お好み焼きを焼かせろ。なぜお好み焼きが駄目《だめ》だと言うんだ」「なぜ居酒屋は駄目だと言うんだ」「なぜ営業を六時でやめろとか、八時でやめろとか言うんだ」「そんなことは自己責任でやらせろ。ここで感染者《かんせんしゃ》がたくさん出たら、それは店は潰れるだろう。それが自己責任でしょうが」という人はいると思うのです。

今は、「病院に行ったら感染するから」ということで、病院のほうが〝客〟が来なくなって、赤字になってきていると言われています。そのようなものです。「自由の代価」はけっこう高いので、厳しい面はあるけれども、やはり、票にはならなくても、そちらを護《まも》るように言い続けるところは必要ではないかと、私のほうでは思っています。

当会の政党部門のほうからは、「無言の圧力」として、「金をばら撒く方法を教えてくれ」と言っているように聞こえてしかたがありません。「ヘリコプターマネーを超《こ》えた、もっと新しい金の撒き方を教えてくれたら勝てる」と思っている感じがすごく伝わってくるのですが、やはり、基本的には、「最終的に滅《ほろ》びに至る門はくぐるべきではない」と、私は思っているのです。

信用をつくること。勤勉に生きること。自己責任において判断をすること。また、お互《たが》いに助け合う精神を忘れないことです。そして、国の介入《かいにゅう》、あるいは地方自治体の介入は最小限にとどめるべきです。

それは、「人間としての尊厳」が冒《おか》されているのです。あなたがたは〝捕虜《ほりょ》〟になっているのだ、あるいは〝囚人《しゅうじん》〟になっているのだということを忘れてはいけません。「中国のようになるぞ」ということは、知っておいたほうがよいでしょう。

香港は、中国に何もしてほしくないだけなのです。何かをしてもらうことばかりが仕事なのではなく、「そっとしておいてもらう権利」「一人で放っておいてもらう権利」というものもあるわけです。「悪い政府にいじられたくはないので、それだったら、利口な個人に任せてください。企業は競争のなかで知恵を磨《みが》いているので、企業に任せてください」という考えもあるのです。

あるいは、「そうした共生《ともい》きの世界をつくるには、宗教の自由、信教の自由を求めてください。宗教は、それができるところなのです」ということです。

ナチスと戦ったのは、最後は「宗教」だけです。宗教しか、そうした独裁権力と戦えるものはありません。「信教の自由」を広めていくことこそ、本当に繁栄《はんえい》していくために大事なことであると、私は思っています。

日本は自由を護《まも》り、アジアと世界の模範《もはん》となれ

話が非常に大きなところまで伸《の》びてしまったので、理解しがたい面もあったか

もしれません。

ただ、この香港安全法を中国が成立させ、「これから香港に中国が介入する。国家に対する反乱等は許さない。終身刑《しゅうしんけい》にする」ということで、私たちもよく知る人たちまで、結社の自由から逃げている状態です。やはり、これを改善させるべき圧力はかけていかなければならないと思っています。

もしかしたら、私たちも、これを適用されるかもしれません。香港安全法には、「外国勢力と結託《けったく》して、国家安全に危害を加える」といった犯罪類型があり、このなかに入れられる可能性もあるので、香港支部は、やや危険度が増してはきますが、運がよければ、海を泳いで逃げてきてください。それをお願いするしかありません。

ただ、「間違《まちが》ったものには屈《くっ》しない」というところは、宗教としては頑張《がんば》らなければいけないものだと思っています。

「自由の代償《だいしょう》」はけっこう高いかもしれませんが、最後、ガス室で殺されるよりはよいはずです。そういう社会には絶対にさせたくないし、これほど報道の自由があるような世界において、ナチス以上のことが行われるようになるのであれば、断じて許すべきではないと思っています。

今朝《けさ》ほど、私は戦艦大和《せんかんやまと》の夢を見ました。戦艦大和に乗っているのですが、戦艦大和が「後ろ向き」で走っているのです。

本当は、戦艦大和は沖縄《おきなわ》に行く途中《とちゅう》で空爆《くうばく》されて、護衛機もなく沈没《ちんぼつ》しているのですが、夢では後ろ向きに進んで、なぜか沖縄に上陸していました。沖縄の川を後ろ向きで遡《さかのぼ》って、用水を渡《わた》り、橋を渡ったり道路を渡ったりしながら、戦艦大和が沖縄のなかに上陸してしまうのです。

そして、そのときに、「第二次大戦は終わったけれども、次の戦争に備えなければいけない」というような感じがしました。夢のなかでは、「次の戦争とは何だろう。ベトナム戦争だろうか」などと思っていたのですが、もしかしたら、中国なのかもしれないと思いました。

尖閣《せんかく》諸島等にも、毎日のように中国公船がたくさん入ってきて、脅《おど》しているような状況《じょうきょう》ですが、戦艦大和のようなものが沖縄に一隻停泊《せきていはく》しているだけでも、ずいぶんな圧力はあるでしょう。「少しは何かを考えなければいけない。他人《ひと》のせいにだけしていてはいけないのではないか」と思いました。

戦後、いろいろなことで、日本は国体を変えられましたが、やはり、必要なものがあれば、自分たちで考えを改めていくことも大事なのではないかと考えています。

コロナであまり過剰《かじょう》ショックを受けすぎないように、「自由さ」の残った国家としての運営を続けていくべきであり、アジア、その他の国に対する模範《もはん》になるよう、努力していくべきだと考えています。

あとがき

私たちは、コロナ・パンデミックから、ナチズムの教訓をもう一度学び直すべきだ。

恐怖による大衆扇動《せんどう》と配給制《はいきゅうせい》、人間の奴隷化《どれいか》に対しては、徹底的に精神的自由を求めて戦うべきだ。

マス洗脳《せんのう》が簡単に行われる時代にあっては、真の哲学者が勇者となり、真実の神の声に耳を傾ける者こそ、人々の不幸をくい止める救済者となるのだ。

香港のように一瞬《いっしゅん》で、国民の自由が凍《こお》りつく前に、ファシストの操作《そうさ》に屈しない努力が必要だ。
独裁者は、恐怖による統制と、パンとサーカスによる懐柔《かいじゅう》を上手にやってみせる。
冷《さ》めた眼と、熱いハートを忘れないことが大切だ。

二〇二〇年　七月五日

幸福《こうふく》の科学《かがく》グループ創始者兼総裁《そうししゃけんそうさい》　大川隆法《おおかわりゅうほう》

『人の温もりの経済学』関連書籍

『時事政談』(大川隆法 著　幸福の科学出版刊)
『コロナ不況下のサバイバル術』(同右)
『P.F.ドラッカー「未来社会の指針を語る」』(同右)
『大恐慌時代を生き抜く知恵——松下幸之助の霊言——』(同右)

人《ひと》の温《ぬく》もりの経済学《けいざいがく》
――アフターコロナのあるべき姿――

2020年7月10日　初版第1刷

著　者　　大《おお》川《かわ》隆《りゅう》法《ほう》

発行所　　幸福の科学出版株式会社
〒107-0052 東京都港区赤坂2丁目10番8号
TEL(03)5573-7700
https://www.irhpress.co.jp/
印刷・製本　株式会社 堀内印刷所

落丁・乱丁本はおとりかえいたします

ISBN978-4-8233-0130-8 C0030
カバー voyata/Shutterstock.com ／帯 AFP ＝時事
装丁・イラスト・写真（上記・パブリックドメインを除く）©幸福の科学

大川隆法ベストセラーズ・コロナ不況を乗り越えるために

コロナ不況下の
サバイバル術

恐怖ばかりを煽るメディア報道の危険性や問題点、今後の経済の見通し、心身両面から免疫力を高める方法など、コロナ危機を生き延びる武器となる一冊。

1,500円

長谷川慶太郎の未来展望

コロナ禍の世界をどう見るか

「神の政治学」「神の経済学」を21世紀前期に打ち樹てられるか？ 世界恐慌の可能性、米中覇権戦争の行方などを、“霊界国際エコノミスト”が大胆予測！

1,400円

P. F. ドラッカー
「未来社会の指針を語る」

時代が要請する「危機のリーダー」とは？ 世界恐慌も経験した「マネジメントの父」ドラッカーが語る、「日本再浮上への提言」と「世界を救う処方箋」。

1,500円

大恐慌時代を
生き抜く知恵

松下幸之助の霊言

政府に頼らず、自分の力でサバイバルせよ！ 幾多の試練をくぐり抜けた経営の神様が、コロナ不況からあなたを護り、会社を護るための知恵を語る。

1,500円

※表示価格は本体価格（税別）です。

大川隆法 霊言シリーズ・中国の覇権主義への警鐘

守護霊霊言　習近平の弁明

中国発・新型コロナウィルス蔓延に苦悩する指導者の本心

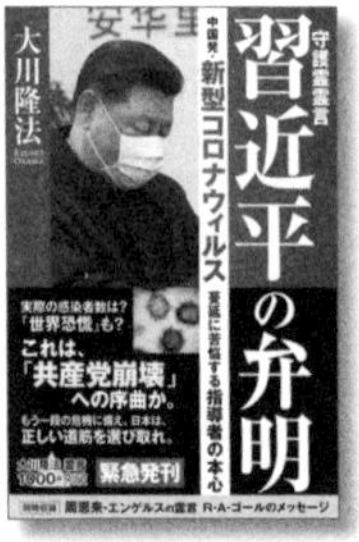

新型肺炎の全世界への感染拡大は「中国共産党崩壊」の序曲か――。中国政府の隠蔽体質の闇、人命軽視の悪を明らかにし、日本が取るべき正しい道筋を示す。

1,400 円

習近平守護霊 ウイグル弾圧を語る

ウイグル"強制収容所"の実態、チャイナ・マネーによる世界支配戦略、宇宙進出の野望――。暴走する独裁国家の狙い、そして、人権と信仰を護るための道とは。

1,400 円

習近平の娘・習明沢の守護霊霊言

「14 億人監視社会」陰のリーダーの"本心"を探る

2030年から35年に米国を超え、世界制覇の野望を抱く中国。「監視社会」を陰で操る、習近平氏の娘・習明沢氏の恐るべき計画とは。毛沢東の後継者・華国鋒の霊言も収録。

1,400 円

毛沢東の霊言

中国覇権主義、暗黒の原点を探る

言論統制、覇権拡大、人民虐殺――、中国共産主義の根幹に隠された恐るべき真実とは。中国建国の父・毛沢東の虚像を打ち砕く必読の一書。

1,400 円

※表示価格は本体価格（税別）です。

大川隆法ベストセラーズ・自由を護るために

自由のために、戦うべきは今

習近平 vs. アグネス・チョウ
守護霊霊言

今、民主化デモを超えた「香港革命」が起きている。アグネス・チョウ氏と習近平氏の守護霊霊言から、「神の正義」を読む。天草四郎の霊言等も同時収録。

1,400円

ジョシュア・ウォン守護霊の英語霊言

自由を守りぬく覚悟

英語霊言
日本語訳付き

勇気、自己犠牲の精神、そして、自由への願い──。22歳の香港デモリーダー、ジョシュア・ウォン氏の守護霊が語る、香港民主化の願いと日本への期待。

1,400円

いま求められる世界正義

The Reason We Are Here
私たちがここにいる理由

英語説法
英日対訳

カナダ・トロントで2019年10月6日（現地時間）に行われた英語講演を収録。香港デモや中国民主化、地球温暖化、LGBT等、日本と世界の進むべき方向を語る。

1,500円

愛は憎しみを超えて

中国を民主化させる日本と台湾の使命

中国に台湾の民主主義を広げよ──。この「中台問題」の正論が、第三次世界大戦の勃発をくい止める。台湾と名古屋での講演を収録した著者渾身の一冊。

1,500円

幸福の科学出版

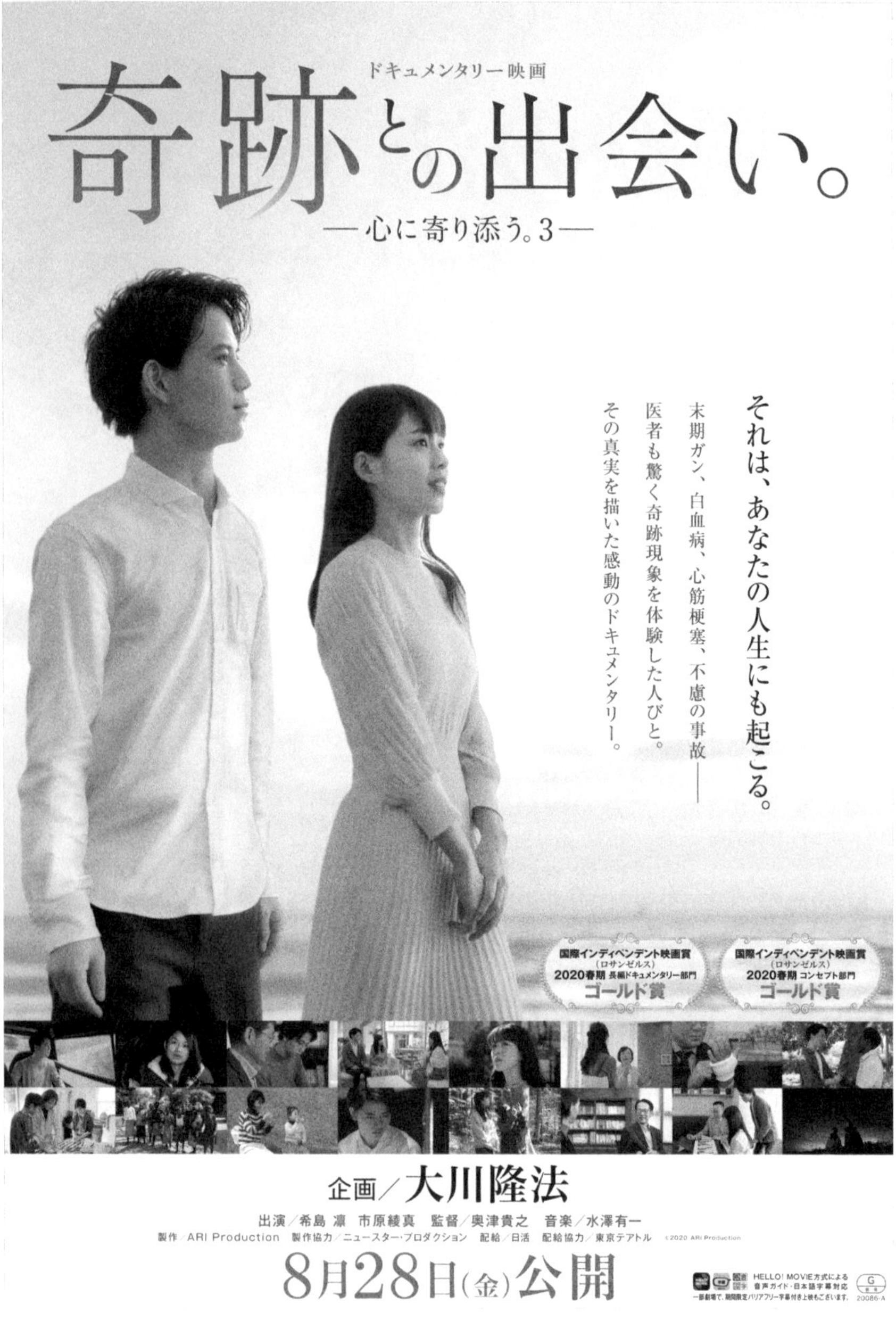
ドキュメンタリー映画
奇跡との出会い。
―心に寄り添う。3―
それは、あなたの人生にも起こる。
末期ガン、白血病、心筋梗塞、不慮の事故――
医者も驚く奇跡現象を体験した人びと。
その真実を描いた感動のドキュメンタリー。
国際インディペンデント映画賞
（ロサンゼルス）
2020春期 長編ドキュメンタリー部門
ゴールド賞
国際インディペンデント映画賞
（ロサンゼルス）
2020春期 コンセプト部門
ゴールド賞
企画／大川隆法
出演／希島 凛 市原綾真 監督／奥津貴之 音楽／水澤有一
製作／ARI Production 製作協力／ニュースター・プロダクション 配給／日活 配給協力／東京テアトル ©2020 ARI Production
8月28日（金）公開
HELLO! MOVIE方式による
音声ガイド・日本語字幕対応
一部劇場で、期間限定バリアフリー字幕付き上映もございます。
G
20086-A

幸福の科学グループのご案内

宗教、教育、政治、出版などの活動を通じて、地球的ユートピアの実現を目指しています。

幸福の科学

一九八六年に立宗。信仰の対象は、地球系霊団の最高大霊、主エル・カンターレ。世界百カ国以上の国々に信者を持ち、全人類救済という尊い使命のもと、信者は、「愛」と「悟り」と「ユートピア建設」の教えの実践、伝道に励んでいます。

（二〇二〇年七月現在）

愛

幸福の科学の「愛」とは、与える愛です。これは、仏教の慈悲《じひ》や布施《ふせ》の精神と同じことです。信者は、仏法真理をお伝えすることを通して、多くの方に幸福な人生を送っていただくための活動に励んでいます。

悟り

「悟り」とは、自らが仏の子であることを知るということです。教学《きょうがく》や精神統一によって心を磨き、智慧《ちえ》を得て悩みを解決すると共に、天使・菩薩《ぼさつ》の境地を目指し、より多くの人を救える力を身につけていきます。

ユートピア建設

私たち人間は、地上に理想世界を建設するという尊い使命を持って生まれてきています。社会の悪を押しとどめ、善を推し進めるために、信者はさまざまな活動に積極的に参加しています。

国内外の世界で貧困や災害、心の病で苦しんでいる人々に対しては、現地メンバーや支援団体と連携して、物心両面にわたり、あらゆる手段で手を差し伸べています。

年間約２万人の自殺者を減らすため、全国各地で街頭キャンペーンを展開しています。

公式サイト **www.withyou-hs.net**

ヘレン・ケラーを理想として活動する、ハンディキャップを持つ方とボランティアの会です。視聴覚障害者、肢体不自由な方々に仏法真理を学んでいただくための、さまざまなサポートをしています。

公式サイト **www.helen-hs.net**

入会のご案内

幸福の科学では、大川隆法総裁が説く仏法真理《ぶっぽうしんり》をもとに、「どうすれば幸福になれるのか、また、他の人を幸福にできるのか」を学び、実践しています。

入会
仏法真理を学んでみたい方へ

大川隆法総裁の教えを信じ、学ぼうとする方なら、どなたでも入会できます。入会された方には、『入会版「正心法語《しょうしんほうご》」』が授与されます。

ネット入会 入会ご希望の方はネットからも入会できます。
happy-science.jp/joinus

三帰《さんき》誓願《せいがん》
信仰をさらに深めたい方へ

仏弟子としてさらに信仰を深めたい方は、仏《ぶっ》・法《ぽう》・僧《そう》の三宝《さんぽう》への帰依を誓う「三帰誓願式」を受けることができます。三帰誓願者には、『仏説・正心法語』『祈願文《きがんもん》①』『祈願文②』『エル・カンターレへの祈り』が授与されます。

幸福の科学 サービスセンター
TEL 03-5793-1727
（受付時間／火〜金：10〜20時　土・日祝：10〜18時（月曜を除く））

幸福の科学 公式サイト
happy-science.jp

ハッピー・サイエンス・ユニバーシティ
Happy Science University

ハッピー・サイエンス・ユニバーシティとは

ハッピー・サイエンス・ユニバーシティ（HSU）は、大川隆法総裁が設立された「現代の松下村塾」であり、「日本発の本格私学」です。
建学の精神として「幸福の探究と新文明の創造」を掲げ、チャレンジ精神にあふれ、新時代を切り拓く人材の輩出を目指します。

人間幸福学部　経営成功学部　未来産業学部

HSU長生キャンパス TEL **0475-32-7770**
〒299-4325 千葉県長生郡長生村一松丙 4427-1

未来創造学部

HSU未来創造・東京キャンパス
TEL **03-3699-7707**
〒136-0076 東京都江東区南砂2-6-5

公式サイト **happy-science.university**

学校法人 幸福の科学学園

学校法人 幸福の科学学園は、幸福の科学の教育理念のもとにつくられた教育機関です。人間にとって最も大切な宗教教育の導入を通じて精神性を高めながら、ユートピア建設に貢献する人材輩出を目指しています。

幸福の科学学園
中学校・高等学校（那須本校）
2010年4月開校・栃木県那須郡（男女共学・全寮制）
TEL **0287-75-7777** 公式サイト **happy-science.ac.jp**

関西中学校・高等学校（関西校）
2013年4月開校・滋賀県大津市（男女共学・寮及び通学）
TEL **077-573-7774** 公式サイト **kansai.happy-science.ac.jp**

仏法真理塾「サクセスNo.1」

全国に本校・拠点・支部校を展開する、幸福の科学による信仰教育の機関です。小学生・中学生・高校生を対象に、信仰教育・徳育にウエイトを置きつつ、将来、社会人として活躍するための学力養成にも力を注いでいます。

TEL 03-5750-0751（東京本校）

エンゼルプランV

東京本校を中心に、全国に支部教室を展開しています。信仰に基づいて、幼児の心を豊かに育む情操教育を行っています。また、知育や創造活動を通して、子どもの個性を大切に伸ばし、天使に育てる幼児教室です。

TEL 03-5750-0757（東京本校）

不登校児支援スクール「ネバー・マインド」

TEL 03-5750-1741

心の面からのアプローチを重視して、不登校の子供たちを支援しています。

ユー・アー・エンゼル！（あなたは天使！）運動

障害児の不安や悩みに取り組み、ご両親を励まし、勇気づける、障害児支援のボランティア運動を展開しています。

一般社団法人 ユー・アー・エンゼル
TEL 03-6426-7797

NPO活動支援

学校からのいじめ追放を目指し、さまざまな社会提言をしています。また、各地でのシンポジウムや学校への啓発ポスター掲示等に取り組む一般財団法人「いじめから子供を守ろうネットワーク」を支援しています。

公式サイト mamoro.org　ブログ blog.mamoro.org
相談窓口 TEL.03-5544-8989

百歳まで生きる会

「百歳まで生きる会」は、生涯現役人生を掲げ、友達づくり、生きがいづくりをめざしている幸福の科学のシニア信者の集まりです。

シニア・プラン21

生涯反省で人生を再生・新生し、希望に満ちた生涯現役人生を生きる仏法真理道場です。定期的に開催される研修には、年齢を問わず、多くの方が参加しています。
全世界212カ所（国内197カ所、海外15カ所）で開校中。

【東京校】 TEL 03-6384-0778　FAX 03-6384-0779
メール senior-plan@kofuku-no-kagaku.or.jp

幸福実現党

内憂外患《ないゆうがいかん》の国難に立ち向かうべく、2009年5月に幸福実現党を立党しました。創立者である大川隆法党総裁の精神的指導のもと、宗教だけでは解決できない問題に取り組み、幸福を具体化するための力になっています。

幸福実現党 釈量子サイト shaku-ryoko.net
Twitter 釈量子@shakuryokoで検索

党の機関紙
「幸福実現党NEWS」

幸福実現党 党員募集中

あなたも幸福を実現する政治に参画しませんか。

○幸福実現党の理念と綱領、政策に賛同する18歳以上の方なら、どなたでも参加いただけます。

○党費：正党員（年額5千円［学生 年額2千円］）、特別党員（年額10万円以上）、家族党員（年額2千円）

○党員資格は党費を入金された日から1年間です。

○正党員、特別党員の皆様には機関紙「幸福実現党NEWS（党員版）」（不定期発行）が送付されます。

＊申込書は、下記、幸福実現党公式サイトでダウンロードできます。
住所：〒107-0052 東京都港区赤坂2-10-8 6階 幸福実現党本部
TEL 03-6441-0754 FAX 03-6441-0764
公式サイト hr-party.jp

幸福の科学出版

大川隆法総裁の仏法真理の書を中心に、ビジネス、自己啓発、小説など、さまざまなジャンルの書籍・雑誌を出版しています。他にも、映画事業、文学・学術発展のための振興事業、テレビ・ラジオ番組の提供など、幸福の科学文化を広げる事業を行っています。

アー・ユー・ハッピー?
are-you-happy.com

ザ・リバティ
the-liberty.com

幸福の科学出版
TEL **03-5573-7700**
公式サイト **irhpress.co.jp**

THE FACT

ザ・ファクト
マスコミが報道しない
「事実」を世界に伝える
ネット・オピニオン番組

YouTubeにて
随時好評
配信中!

ザ・ファクト 検索

NEW STAR PRODUCTION

ニュースター・プロダクション

「新時代の美」を創造する芸能プロダクションです。多くの方々に良き感化を与えられるような魅力あふれるタレントを世に送り出すべく、日々、活動しています。 公式サイト **newstarpro.co.jp**

ARI Production

ARI《アリ》 Production《プロダクション》

タレント一人ひとりの個性や魅力を引き出し、「新時代を創造するエンターテインメント」をコンセプトに、世の中に精神的価値のある作品を提供していく芸能プロダクションです。 公式サイト **aripro.co.jp**